CARNETS AFGHANS

DU MÊME AUTEUR
chez le même éditeur

Visions d'un partisan,
Transboréal, 2002

Afghanistan, aux sources de la drogue,
Ramsay, 2002

STÉPHANE ALLIX

avec la collaboration de Natacha Calestrémé

CARNETS AFGHANS

ROBERT LAFFONT

« Y avait-il une réponse ? Une réponse à quoi ? Je n'étais pas en quête d'une pensée ni d'une philosophie ! J'étais en quête... d'un battement de cœur. »

Satprem

ISBN 2-221-09620-7

Mort

Nous avons tous les trois abattu ensemble ce pin à gauche de l'entrée. Le chat avait coutume de s'y assouplir. Il plaçait bien haut ses pattes avant, étirait et cambrait son long corps gris en enfonçant les griffes dans l'écorce tendre. Les chats ne sont pas contrariants : Attila changea d'arbre. Et je crois même qu'il en pratiquait déjà plusieurs avant que nous abattions celui-là. Thomas, Simon et moi.

Les employés des pompes funèbres regardent leurs chaussures. Il y a du monde. La plupart des gens présents tiennent leurs mains jointes devant eux. Les visages sont tendus, tristes. Je vois les larmes, la consternation. Je suis loin. Personne ne sait trop comment occuper l'espace dans ces moments-là. On voudrait ne pas être là.

Moi ! comment dire ? Voilà sept jours que je suis devant cette tombe qui change ma vie à jamais. Dans les cheveux, j'ai encore le souffle de l'Afghanistan. L'odeur de sa terre imprègne encore la veste de cuir que je portais ce matin-là, il y a sept jours.

Un vent tiède agite le feuillage des arbres. L'entrée du marais est bordée de peupliers. Au-delà du cimetière, de l'autre côté de la départementale, s'alignent des champs de pâturage ou en jachère et beaucoup d'arbres. Un des trois hommes qui abattirent le pin quelques mois auparavant est allongé, mort, dans la caisse que ses deux frères portent, aidés de tous les membres de l'équipe.

Je suis un des deux frères.

C'est moi qui ai posé le corps lourd dans ce cercueil. Ton corps que j'ai enveloppé de soie sauvage. L'enterrement de mon frère Thomas ! Quelle drôle d'idée, quel événement inattendu que d'enterrer son frère à trente ans...

Il y a un simple trou, profond, fait à la pelle. Des planches autour, un enterrement de campagne. De l'espace, le cimetière est vaste. Herbe tendre, humide et douce. Famille, amis, nos parents, ses deux frères, Simon et moi. Au-dessus du trou, le cantonnier a mis deux rondins de bois sur lesquels nous posons le cercueil. La mort est passée depuis longtemps. Seuls quelques proches ont senti son souffle, celui qui assèche irrémédiablement la langue. Celui qui opprime le plexus des vivants pour les empêcher d'approcher. Ce souffle qui fait s'évaporer les larmes avant même qu'elles sortent des yeux. Ce souffle qui paralyse de stupeur.

Une fois la caisse au fond, à l'aide d'une pelle, nous la recouvrons de terre avec Simon. Ma fille puis d'autres enfants nous rejoignent. Avec leurs mains, ils font glisser les mottes sur la boîte. Ma fille dit au revoir à son oncle.

Mort

Pour Thomas...
Vadim, Siddiqui et Hakim.

Il y a du soleil, des montagnes survolées, l'image de mon frère. Tu es mort dans *ma* poussière d'Afghanistan, devenue un peu la tienne. Ton âme s'y sentait bien. Avant même qu'elle s'arrache définitivement à ton corps musclé.

L'amplitude de mes sensations est démesurée : lumière, sérénité et chagrin coupable. Presque atroce, cette vision qui me restera de toi, de ta veste polaire rouge, allongé par terre, immobile, à m'attendre.

Quand mon frère est mort, il m'a attendu sans bouger.

Calmement, avec une sorte de résignation dans la position de son corps. Repos. Thomas. Tu étais avec d'autres, trois autres, mais je n'ai vu que toi, il n'y a que toi qui étais évidemment mort, instantanément mort, déjà mort !

Je n'oublierai jamais ce matin du 12 avril 2001, quelques dizaines de minutes après le poste de contrôle taliban de la longue plaine de Maydan Shahr, sur la route de Kandahar. Ce paysage d'Afghanistan que j'aime tant. As-tu aimé ce paysage où tu es mort ? As-tu regardé ces montagnes devant, cette terre, ce ciel ? Tu voulais tellement enfin sortir de Kaboul, voyager, voir...

Mon frère, as-tu de la peine de ne pas être revenu chez toi avant de mourir ? Est-ce que tu voulais revoir nos parents ? Paris ? L'été en France ? Un autre endroit peut-être, avant que tout cela arrive ? Thomas, mon frère.

Ta participation à notre aventure était évidente. Et

vous êtes partis ensemble avec Vadim. Je sens que tu as vécu l'accident, le froissement des tôles qui se râpent, je vois tes yeux ouverts de stupeur, tu te redresses, tes bras se lèvent. Après ? Ça tourne ! As-tu alors seulement compris ce qui arrivait ? Dans les tourbillons, projeté, la mort qui te cueille.

Ton corps et celui de Vadim sont dans l'ambulance. À l'avant de ma voiture, j'ai la gorge sèche. On remonte sur Kaboul. Je suis ivre, ivre de stupeur. Ma respiration est rapide, je sens la main de Natacha qui ne lâche pas mon épaule. Farad, au volant, pleure. Il roule au pas. Je regarde devant moi, sans trop prêter attention à la route. Je fume cigarette sur cigarette. Je ne pense à rien.

L'aube n'est pas levée en France et, dans quelques heures, je vais devoir téléphoner à deux mères pour leur annoncer la mort de leurs fils.

Je vais devoir appeler ma propre mère...

Je suis un ballot de chair, engourdi par ce que la vie, ce matin, m'a montré. Nous sommes le 12 avril 2001. Jeudi saint.

Un camp de montagne

L'Afghanistan est une terre fabuleuse qui boit le sang des hommes.

C'est dans la plaine de Maydan Shahr que la première partie de ma vie s'achève, alors que celle de mon frère s'envole. Encore aujourd'hui, je suis intrigué par le fait que cela se soit passé dans cette plaine, précisément. J'y étais venu treize années avant ce jour d'avril 2001. En compagnie d'un groupe de résistants, j'avais contourné la vallée par une crête en regardant les jets soviétiques bombarder les villages de paysans. J'avais dix-neuf ans et rêvais de devenir reporter de guerre. J'ai découvert bien autre chose.

Cela commence donc en 1988, le 14 mai. Un samedi. Une route en lacets monte à l'assaut du col d'Ali Mangal. Je ne cesse d'écarquiller les yeux. Parti la veille de la ville pakistanaise de Peshawar avec deux jeunes combattants, je me retrouve plongé dans une autre époque. J'ai quitté la France la veille de l'élection présidentielle et j'apprends la réélection de François Mitterrand. Depuis plusieurs semaines, je m'étais mis dans la tête d'aller au Pakistan et, si cela était possible, de passer quelques jours en Afghanistan. À Peshawar, le groupe du commandant Amin Wardak que je voulais rejoindre pour aller *à l'intérieur*, pénétrer clandestinement en Afghanistan avec les moudjahidin, était déjà reparti. J'avais finalement atterri chez un groupe chiite qui jusqu'alors n'avait emmené aucun journaliste : le Harakat-e-Islami du commandant Anwari. Mon âge n'avait pas semblé les surprendre, et ils avaient accepté de me prendre en charge. Une journée pour acheter quelques vêtements ainsi qu'une paire de baskets dans le bazar de Saddar à Peshawar, et me voilà parti avec deux combattants dans un minibus à travers les zones tribales pakistanaises. Direction : l'Afghanistan, pour ce que je pensais être une incursion de deux ou trois semaines.

La frontière afghane est là, en haut de cette route. Autour de moi, c'est l'effervescence. Des milliers d'hommes font entrer ici une bonne partie des armes destinées à la résistance. Depuis l'invasion de l'Afghanistan par l'Armée rouge en décembre 1979, le Pakistan voisin est devenu la principale zone de soutien logistique aux centaines de milliers d'Afghans qui se battent contre cette occupation : les moudjahidin. Les États-Unis, qui soutiennent les « combattants de la liberté » comme jamais ils n'ont soutenu de guérilla, donnent sans vraiment contrôler des quantités astronomiques d'armes et de munitions. Elles arrivent par bateau dans le port pakistanais de Karachi, puis finissent sur la frontière, comme ici, à Ali Mangal, où l'aide militaire américaine rejoint le marché local.

Au-dessus du village, d'immenses dépôts à ciel ouvert offrent des cibles faciles aux avions russes qui font régulièrement des détours sur le territoire pakistanais. Les dépôts d'armes jouxtent de gigantesques stocks de bois en provenance d'Afghanistan. Des hommes vêtus de châles et de turbans, kalachnikov à l'épaule, s'invectivent, s'embrassent ou se toisent avec fierté. Ici, on se tire dessus pour un regard de travers. Quarani, un des jeunes combattants qui m'accompagnent, me fait presser le pas. J'ai beau être habillé comme les Afghans d'une chemise longue et d'un pantalon bouffant, et me faire appeler Qassim, il n'a pas envie que nous traînions ici. Voilà un endroit où les étrangers ne viennent pas.

Nous longeons le village. Ici un boucher, assis devant une bille de bois sanguinolente dans son échoppe de planches, agite un chasse-mouches fait de fines bandelettes de plastique devant une carcasse de mouton graisseux. Les mouches forment des essaims compacts dans lesquels il faudrait presque tailler au couteau. Le soleil tape. La poussière monte au nez et s'aventure loin dans la gorge. La sueur colle à la nuque. Dans cette autre boutique, de petites mines antipersonnel sont rangées tels des gâteaux. À côté, dans un bocal de bonbons, sont exposées en plein soleil des cartouches de kalachnikov vendues par poignée. Ici pendent les tubes des lance-roquettes que la brise des montagnes fait chanter, là attendent deux bazookas. Plus haut, à flanc de coteau, les partis de la résistance possèdent chacun leur enclos de stockage de munitions où ils gardent temporairement ce que les hommes de l'ISI (Inter Service Intelligence, les services secrets pakistanais) viennent de leur livrer, avant de l'acheminer *à l'intérieur* à dos de quadrupède. Des centaines de milliers de boîtes rectangulaires en fer, conditionnement pour cartouches de différents calibres, reflètent les rayons du soleil. Roquettes, obus et autres gros calibres sont stockés dans des caisses de bois.

Nous quittons le village. Quarani laisse la route pour couper droit vers le col à travers les arbustes secs. Les lacets sont trop encombrés de camions, de voitures hors d'âge, de chameaux, d'ânes idiots et d'hommes nerveux. Ça hurle, klaxonne plus encore ; la lumière est voilée de nuages de terre et de diesel.

Alors que nous gagnons la montagne, le tumulte des hommes s'éloigne. Nous marchons sur des collines où sont piqués çà et là les troncs déchiquetés de sapins. Quelques mâts indiquent des tombes fraîches, plus loin, Quarani me désigne une longue traînée de napalm. Des cratères de bombes, partout. La terre retournée, labourée. Et puis, au milieu de ces collines fauves, Quarani se tourne vers moi : « Ça y est, tu es en Afghanistan, Qassim ! »

Je reviens vers lui, puis lui fais face. J'observe de tous côtés. Je ne vois rien d'autre que des vallons pelés. Je ne m'attendais pas à trouver une ligne dessinée sur le sol, mais j'aurais aimé tout de même effectuer un pas symbolique, avoir conscience de *passer* une frontière. En une enjambée, le pied droit dans un pays, le gauche déjà à l'étranger. Mais non ! Nulle trace, nulle marque ni gabelou. Rien que la montagne, le vent et le claquement du drapeau des tombes. Quarani défait sa montre pour retarder les aiguilles d'une demi-heure. Je regarde une dernière fois derrière moi. La tête un peu fiévreuse, les yeux brûlant de sueur, je sens alors une bouffée d'orgueil me monter de l'estomac. Un mélange de fatigue et de fierté. Un avenir inconnu et fou est là, juste devant moi. Voilà deux minutes que, quoi qu'il arrive, je peux dire : j'ai mis le pied en Afghanistan !

Un de nos moudjahidin revient avec des chevaux. Sur ces montures nous poursuivons tranquillement notre route vers le camp fortifié du groupe de combattants du Harakat, tandis que le ciel se couvre. Une grêle violente se met soudainement à tomber. Nous forçons l'allure et c'est au galop que nous arrivons trempés sous les sapins du camp de Jaji. Quarani saute à terre et me fait signe de le suivre. On n'y voit plus à dix mètres. Je pénètre à sa suite dans un abri souterrain où la lumière d'une lampe à pétrole fait vaciller trente visages de moudjahidin amaigris. J'aimerais voir les lieux, le paysage, l'Afghanistan... Mais Quarani m'invite, avant toute chose, à me réchauffer. On me fait une place. Je suis impressionné. Dans la pénombre, je distingue les armes pendues à des crochets contre le mur de terre. Les couvertures sont rassemblées en tas au fond de l'abri. Au-dessus des têtes, des troncs de sapin supportent une bonne épaisseur de terre. Assis sur leurs talons, les moudjahidin me dévisagent avec bonhomie. La pièce toute en longueur peut abriter une cinquantaine d'hommes serrés les uns contre les autres. Un seul poêle la réchauffe. On me présente le commandant. Il a vingt-sept ans, s'appelle Mama Habib. Sa barbe est noire, longue et épaisse. Il n'est pas très grand, mais son corps est sec et puissant. Ses yeux sombres rehaussés de khôl m'observent avec intensité. Depuis moins d'une heure en Afghanistan, depuis moins d'une heure *à la guerre*, alors que j'en suis encore à compter combien j'ai entendu d'explosions, je découvre dans le regard de Mama Habib ce voile de lassitude que les combats, les hommes qui meurent, le sang et un petit peu trop de souffrance laissent à la surface de la rétine. Le regard des combattants. À la droite de Mama Habib, un homme jeune aux yeux de loup me traduit dans un anglais irréprochable les propos du commandant.

Intrigué par son regard et sa manière de parler, je finis par lui demander où il a appris l'anglais. Il hésite à me répondre, sa tête se penche imperceptiblement sur la droite, tandis que ses lèvres esquissent un sourire. Après une dernière hésitation, il me dit enfin : « Je parle aussi français... Je ne suis pas afghan, mais égyptien ! »

Un « Arabe » !

À Paris, on m'avait parlé de ces volontaires venus de l'ensemble du monde musulman rejoindre les résistants afghans dans leur djihad, leur guerre sainte contre l'occupant soviétique. Alors que les États-Unis fournissent armes et technologie à la résistance afghane, d'importants pays musulmans, au premier rang desquels l'Arabie saoudite, incitent leurs ressortissants à venir aider les frères afghans opprimés. Des filières de recrutement ont vu le jour jusque dans le Bronx, à New York, en passant par Alger, Riyad ou Sanaa. À Peshawar, des hommes comme le Jordanien Abdallah Azem (qui sera assassiné l'année suivante) se chargent de ces volontaires à leur arrivée. L'adjoint d'Azem est un certain Oussama Ben Laden...

Ces volontaires arabes surprennent parfois, paraît-il, les Afghans par le radicalisme de leur islam et le caractère suicidaire de leur engagement. Nombre d'entre eux s'en retourneront dans leurs pays d'origine une fois leur service terminé. Ainsi Ahmad, cet Égyptien qui m'accueille dans mes premières heures afghanes, doit repartir dans quelques jours en Europe après plusieurs mois de maquis. J'ai dix-neuf ans, il en a vingt-deux, nous sommes des gamins.

C'est avec lui que je fais le tour du camp une fois l'averse terminée. Dans l'air flotte une odeur de pluie et de terre mouillée. L'eau a assombri le tronc des arbres et dégagé l'horizon. Très loin au nord, les sommets enneigés des Montagnes blanches éclatent dans le soleil qui décroît. Nous montons sur la crête, juste au-dessus du camp, face à la plaine de Jaji. En bas, très loin au milieu de la vallée, Ahmad me désigne les postes militaires communistes. Nous sommes cachés dans des tranchées, seules nos têtes dépassent face à l'ennemi. Le camp, composé de deux abris servant de dortoir, d'une cuisine et d'un dépôt de munitions, est en contrebas sur la droite. De l'autre côté, à cinq cents mètres, un poste d'observation est occupé par une demi-douzaine d'hommes. Une mitrailleuse antiaérienne appelée *zigouillak* y est positionnée. Dissimulé derrière la crête, dans notre dos, et éloigné de tout, une sorte de petit lance-roquettes multiple est protégé par trois sacs de sable.

Depuis notre tranchée, alors qu'Ahmad essaie de me situer précisément les camps militaires ennemis, nous voyons sortir un tank d'une des enceintes. Les moudjahidin l'ont également vu. Le blindé est à plus de deux kilomètres dans la vallée. Je suis l'avancée du char à travers mon téléobjectif. Je n'ai pas le temps de me demander pourquoi les moudjahidin hurlent

Allah u Akbar qu'une explosion ahurissante détruit mes tympans. Le sol, l'air, l'univers, vient d'être déchiré. Je me retourne, un peu chancelant, pour voir de la fumée autour du lance-roquettes. Le bourdonnement dans mes oreilles se calme, j'ai un goût curieux sur la langue. *Nous* venons de tirer une roquette sur le tank. Ahmad rigole.

— Ils ne visent même pas. Comment veux-tu qu'ils le touchent, ce tank ?

Il continue de regarder à la jumelle. Je remets mon boîtier à l'œil, tâche de retrouver le tank dans mon téléobjectif. Le bruit étouffé d'une lointaine explosion finit par nous indiquer que la roquette est tombée. Impossible de savoir où. Enfin, j'aperçois un minuscule nuage de poussière en train de s'évanouir dans le vent... loin, très loin derrière, et à gauche.

— Ils vont encore tirer !

— Tu crois que je peux faire une photo ?

— Bien sûr !

Ahmad fait signe à un moudjahid d'attendre deux minutes. Je descends et me place contre un arbre, à une dizaine de mètres du lance-roquettes, en me calant le plus sûrement possible. Je bloque mon boîtier contre le tronc, mets au point sur les tubes de l'arme et, d'un regard, indique que je suis prêt.

— *Allah u Akbar !*

Une photo de ciel. La secousse de la déflagration est tellement violente que je ne sais même pas si j'ai appuyé sur le déclencheur. Je me retrouve en arrière, le boîtier à la verticale. Ahmad, depuis la tranchée, regarde dans la plaine...

— Raté... Ils vont recommencer !

Je m'écrase sur le tronc, chacun de mes muscles

bandé à l'extrême, le doigt sur le déclencheur. Ahmad me crie :

— Ouvre la bouche quand ils tir...

— *Allah u Akbar !*

Une nouvelle photo du ciel. J'ai la cervelle en compote, la langue sèche comme du lézard et les oreilles qui sifflent. Je remonte vers Ahmad, qui peste devant ce gâchis de munitions.

— Mais ils sont bêtes, ils gaspillent leurs roquettes, c'est pas vrai !

— C'est raté ? je demande.

— Mais oui ! Et c'est tout le temps comme ça dans ce pays. Ils se battent parfois de façon tellement incohérente. Regarde là, ça fait quatre ans qu'ils se battent dans cette vallée, avec ce qu'ils viennent de tirer...

— *Allah u Akbar !*

Départ hurlant d'une quatrième roquette. Ahmad se remet à ses jumelles, moi à mon appareil. Ils doivent quand même avoir chaud dans ce tank ! Ahmad poursuit, tout en surveillant le point de chute du projectile :

— Avec les quatre roquettes qu'ils viennent de tirer, voilà des années qu'ils auraient, par exemple, pu faire des réglages précis pour viser à coup sûr devant la porte du camp militaire. Ou cent mètres en avant. Mais non... Ah, tu vois, c'est tombé devant cette fois... Ils font toujours comme ça, au hasard. Et maintenant, on va avoir la réponse.

— La réponse ? C'est quoi, la réponse ?

— Les communistes, ils savent d'où on a tiré, ils vont bombarder maintenant. Répondre !

Je dois avoir les yeux grands ouverts comme des balles de ping-pong. Une peur terrible m'envahit. Je me tasse un peu plus dans la tranchée. Mais rien ne vient, et Ahmad, amusé, sort de notre abri. Je le suis. Nous faisons quelques pas, mon inquiétude reste très forte. Ahmad soudain se baisse, ramasse un petit objet au sol.

— Regarde !

Il me tend un morceau de métal, épais d'un bon centimètre et long de huit. Les bords sont déchiquetés...

— C'est un éclat d'obus !

Tenir ce petit morceau de métal dans la paume, dix minutes après avoir assisté au tir de quatre roquettes sur l'ennemi, ennemi à qui il pourrait bien prendre l'envie de nous rendre la pareille... Je découvre la peur. Une appréhension sourde qui envoie des giclées d'acide dans l'estomac, qui donne un très léger vertige... Une peur qui me pique les yeux. La peur d'une balle, d'un éclat d'obus. La peur pendant un bombardement ou à la simple approche d'un avion... Cette peur, bien loin de me paralyser, de me clouer dans un trou, tremblant et sans moyens, cette peur, je vais progressivement l'apprivoiser. Elle va devenir une partie de moi, une réaction physique normale de mon corps, une information froide envoyée à mon cerveau comme le désir de boire quand j'ai soif, celui de m'allonger lorsque je suis fatigué, ou celui d'allumer une cigarette. Et je vais l'aimer. La peur va devenir un de mes sens. Elle perdra son caractère inquiétant. Elle sera ordinaire, pis : *agréable* !

Durant ces premières heures, Ahmad me dresse un portrait effrayant de l'Afghanistan : les bombardements quotidiens, les mines, les commandos russes, et puis, surtout, le comportement irrationnel des Afghans...

Nous remontons à l'opposé du camp et des tranchées, sous la crête de la colline. Ahmad a passé toute sa vie en Occident, je me sens rapidement proche de lui, je comprends ses paroles. Pourtant, même s'il vit en Europe depuis sa plus tendre enfance, il fait partie d'un autre monde que le mien. Sans être méfiant à mon égard, il n'a pas eu, dans un premier temps, envie de me connaître. Les Européens et les journalistes ne sont pas des gens de confiance pour lui. Ahmad a grandi dans une atmosphère de haine et d'isolement. Moqué par ses camarades d'école parce que musulman, frappé parce que prenant la défense de l'Égypte dans une société pro-israélienne.

— Ici, en Afghanistan, je suis dans la maison de l'islam. Mais, en Europe, je suis dans la maison de la guerre, dans un lieu où je dois me cacher et me taire, parce que l'on y crache sur mes valeurs et que l'on me considère comme une menace.

— Qu'est-ce que tu racontes ? En France, en Europe, nous sommes dans des pays démocratiques, la presse est libre...

— Tu t'en rendras compte plus tard, Stéphane. Tu es naïf aujourd'hui, tu es nu, mais tu es quelqu'un qui veut voir le monde. Je devine de la douceur en toi. Tu veux découvrir par toi-même et tu n'es pas conscient de là où tu es. Mais tu es venu, si jeune, Dieu en soit loué. Parce que le pire ennemi, c'est l'ignorance. Le mal de ce monde, l'origine de tout mal, c'est l'ignorance, Stéphane !

La journée s'achève alors que nous poursuivons nos bavardages face à un monde redevenu parfaitement calme, assis sur un tronc massif jeté à terre par un obus.

— Ahmad, qu'est-ce que tu es venu faire ici ?

— Je me considère comme un combattant sur le chemin de Dieu. Je suis venu pour essayer d'aider les Afghans. Le problème ici, ce ne sont pas les Russes. La réalité de l'Afghanistan, ce sont les tribus, les alliances et les trahisons, les guéguerres. Non, le problème, ce ne sont pas les Russes, les communistes, mais les querelles incessantes que les Afghans se font entre eux. Les Afghans n'en ont pas conscience, mais leur pays peut devenir un message pour le monde musulman. Il y a ici une base sociale, économique et culturelle encore très saine du point de vue de l'islam. On peut y bâtir un modèle alternatif à l'Occident, différent de l'idéal matériel, industriel... Il y a des confréries puissantes la spiritualité soufie est très forte. Mais autour de l'Afghanistan, à l'extérieur, des forces considérables empêchent le pays de prospérer.

— Mais tu es venu faire le djihad, la guerre sainte.

— Le djihad, c'est l'ensemble du comportement que doit adopter un musulman pour combattre l'ignorance. C'est une notion bien plus vaste que celle donnée par les journalistes en Occident. Je suis allé en Afghanistan pour essayer d'aider les Afghans. Ça veut dire participer parfois à des combats, bien sûr, mais je tente aussi, de façon bien plus enrichissante, de faire profiter de mon expérience. J'apprends de mes frères, des maîtres que je rencontre. Je donne mon avis à des commandants. Tu sais, Stéphane, mon but est d'arriver à Dieu et en même temps de secourir mes frères musulmans. Chaque musulman qui est massacré, chaque enfant qui n'a pas la possibilité d'aller à l'école est pour moi un fait insupportable. Jusqu'à mon dernier souffle de vie, j'essaierai de soutenir et de faire progresser la communauté des musulmans. Je travaillerai à ce que les musulmans soient unis derrière les mêmes valeurs, la même identité. Mon but est le combat contre les forces du mal. Nous vivons dans un monde matériel de mensonge, un monde qui n'a plus de place pour Dieu et pour l'amour de Dieu. Pour moi, la réponse c'est le djihad. Je vivais comme tout le monde dans le superficiel, puis, vers dix-sept ans, j'ai eu une expérience spirituelle, on peut dire divine, qui m'a montré le non-sens de ce monde de loisir.

La nuit arrive. Le ramadan, le mois musulman du jeûne, se termine dans deux jours. Ahmad, qui l'observe scrupuleusement et n'a avalé ni nourriture ni eau de la journée, m'abandonne pour aller partager des dattes avec les moudjahidin avant la prière de rupture. Les étoiles, une à une, apparaissent au-dessus de ma tête, tandis que les vibrations délicates des prières montent des abris souterrains. Si je m'attendais à cette rencontre ! Je vis dans le confort depuis dix-neuf ans. En France, je n'ai jamais eu peur de mourir, mes parents m'ont donné leur affection, un toit, des repas chaque jour. Je vivais dans un monde où, jusqu'à avant-hier, je pouvais ne pas me poser de questions comme mes amis d'école qui dans deux mois passeront leurs examens. Mais voilà, depuis ce matin, les avions qui volent dans le ciel sont des avions qui bombardent, les hommes autour de moi se battent, souffrent et peuvent mourir d'un instant à l'autre. Ici, les hommes se tuent, vivent sous terre, mangent de l'herbe et survivent. À partir d'aujourd'hui, ma vie ne sera plus la même.

Je ne voulais pas devenir roi, je vais devenir homme.

Mon premier soir. Vent frais des montagnes, odeur de résine, de terre et de lune. Autour de moi, plusieurs sapins n'ont plus de tête, leurs cimes ont été fauchées par de la mitraille.

Après une soupe de viande et de pain plat prise en commun dans l'un des abris, après le thé et les amandes soufflées au sucre, après deux obus qui s'écrasent dans la nuit et font sortir en trombe notre troupe de moudjahidin excités... Mama Habib note sur un petit cahier à la couverture souple les tours de garde de la nuit. Ahmad et moi continuons nos discussions en français. Je n'en finis pas de le questionner.

Dans les jours qui suivent, l'abandon par les communistes des postes militaires va se confirmer. Le retrait des troupes soviétiques qui a débuté le 15 mai 1988 oblige le régime de Kaboul à concentrer ses forces sur des garnisons importantes. Jaji n'en est pas une. À la nuit tombante ce soir-là, toutes les montagnes s'illuminent des tirs de balles traçantes. Des dizaines de milliers de cartouches de tous calibres foncent vers le ciel en autant de traînées rouges de métal dans l'obscurité du crépuscule. De tous les camps des différents clans de la résistance partent des tirs de joie. Ce soir de mai, je partage, sans en avoir payé les dix années de souffrance, l'espoir énorme d'une victoire prochaine. Les Russes s'en vont. Leur retrait sera effectif et complet le 15 février 1989, mais, ce soir, c'est la joie d'un exploit que je vois éclater sur les visages des moudjahidin. Celui d'avoir vaincu l'Armée rouge. J'ai le bonheur de vivre ce moment. Brejnev est mort sans avoir vu le fiasco qu'est devenue son aventure afghane, et voilà que sous mes yeux le monde soviétique amorce sa descente dans la tombe.

Ce soir, la déflagration des tirs de joie des moudjahidin de Jaji fait apparaître une vilaine lézarde sur le mur de Berlin.

Le lendemain, dix morts !

Le jour d'après, quatre !

Le surlendemain, quatre à nouveau !

Les moudjahidin de tous les partis s'aventurent dans les camps militaires communistes désertés. Depuis des années qu'ils y envoient des obus, ils meurent tous d'envie de voir à quoi ils ressemblent. Mais les alentours de chacun des camps sont minés et, depuis le départ de l'ennemi, c'est la boucherie. Les mines sont les seules armes qui tuent lorsque la paix est revenue.

C'est avec prudence que notre groupe s'y aventurera un beau matin. Nous n'aurons aucun incident. Au bord de la rivière, nous croisons un Saoudien à lunettes et un Égyptien en train de collecter les mines. Détonateurs et charges explosives sont rangés bien à part sur un foulard. Un peu plus loin, un tout petit trou dans le sable, une veste tachée de sang et quelques outils médicaux. De la gaze, une seringue... du sang. Une peur terrible, à nouveau, me broie le ventre toute cette matinée. Je place mes pieds dans la trace exacte que le moudjahid a laissée devant moi. Nous marchons tous lentement, en sueur. Mama Habib est devant. Chacun reconnaît son courage. Nous passons littéralement *sur* les champs de mines.

Dans le camp communiste que nous visitons, je ramasse une carte postale en noir et blanc représentant le musée de l'Ermitage, à Leningrad. Les moudjahidin sont ébaudis de découvrir une petite mosquée et trois corans dans le fortin communiste.

Ahmad doit repartir le lendemain pour le Pakistan, puis, après quelques jours, chez lui en Europe. Il aura passé une année entière en Afghanistan. Notre dernier soir, sur le tronc couché face à la plaine vide de Jaji, je savoure nos échanges, la densité de tout ce qu'il a pu m'apprendre en si peu de jours. Il a su me faire partager une fraction de sa lumière. L'islam est une discipline mystique de vie et d'échange, une religion de curiosité et non de rancœur. Et puis il m'a expliqué la guerre, la guerre afghane. Que faire sous un bombardement, qu'éviter lors d'une longue marche... quelques conseils inestimables.

Dans le camp de Jaji arrive bientôt un journaliste français, Gilles Luneau, avec qui je vais poursuivre ce voyage. Au départ, Gilles semble embarrassé par ma présence, celle d'un concurrent. Mais, bien vite, il se rend compte de mon inexpérience et nous nous lions d'amitié. Ahmad d'abord, puis Gilles ensuite, ces deux amitiés afghanes ont survécu avec naturel et sincérité, intactes jusqu'à aujourd'hui.

Nous allons attendre deux longues semaines, deux semaines d'ennui, avant que le départ pour le camp de Sanglakh ne soit donné. Le Harakat-e-Islami a son fief à l'ouest de Maydan Shahr, dans la vallée de Jalez. Nous devons rallier à pied cette zone d'Afghanistan non loin de Kaboul. Et l'on nous dit chaque jour, deux semaines durant, que le départ est pour le lendemain, *inch Allah !* De solides moudjahidin rejoignent notre camp de Jaji. Ils viennent du Pakistan où la plupart sont allés goûter un peu de repos. C'est avec eux que nous allons faire la route.

La veille du départ, fatigué de traîner sans but alors que l'après-midi est entamé, j'entre dans l'abri principal pour boire un thé. Une quinzaine de moudjahidin parlent entre eux, plaisantent, chahutent. Malgré l'ambiance électrique, un chat entre. Chacun des moudjahidin présents ne peut réfréner son envie de lui botter le cul, mais, indifférent aux coups, le chat s'allonge avec désinvolture au beau milieu d'entre nous. Les yeux mi-clos, il ronronne, étendu sur le flanc, la tête droite. L'agitation tombe sans que l'on s'en rende compte. Les conversations s'arrêtent, tous les combattants se mettent à bâiller, plusieurs s'endorment. Silence. Une paix surnaturelle émane de cette petite bête. À mon tour, je m'assoupis.

La marche

Un matin, nous quittons Jaji.

Pour la trentaine de colosses avec qui nous partons, ce camp n'a été qu'une courte halte. J'y aurai passé quinze jours. Le docteur Schwab commande notre escorte.

À l'aube, tous les hommes se mettent en ligne et entament des chants religieux. Ceux qui s'en vont, debout, se mêlent aux quelques hommes qui restent. Ils pleurent des larmes de frères qui peuvent ne jamais se revoir. Émotion simple et puissante de l'incertitude. Puis ils prient, paumes tournées vers le ciel, yeux fermés. Ensuite, chacun se donne une accolade virile. Taleb, le cuistot, et quelques autres moudjahidin me serrent contre eux. On fait une arche d'un foulard dans lequel est placé le Coran. Les hommes passent en dessous, chacun fait une courte halte et pose le front sur le Livre saint.

Au coucher du soleil, nous avons remonté toute la vallée. Nous sommes entrés dans un autre pays où, depuis le départ des communistes, la vie a déjà repris. Les paysans sont dans les champs. Des femmes, en robe rouge, ne portent qu'un simple voile sur la tête. Les couleurs brûlent les yeux, nulle trace de guerre outre les carcasses de chars qui jonchent les abords du chemin. Les combattants touchaient donc parfois leurs cibles ! Dans les villages que nous traversons, des groupes d'enfants regardent passer leurs héros, les moudjahidin, les défenseurs du pays.

La nuit nous surprend à l'entrée d'un village. Notre groupe s'arrête dans une *tchaï khona,* littéralement « maison de thé », tout à la fois restaurant et dortoir, généralement grouillant de puces et autres vermines. Mais celle-ci est assez bucolique. Construite le long d'une route bordant une rivière, la bâtisse aux murs de pisé est pratiquement vide à notre arrivée.

Je m'apprête à aller dans la rivière me rafraîchir les pieds gonflés par la marche quand les hurlements des moudjahidin me stoppent net. La bande de terre entre la route et la rivière est minée. Je rejoins Gilles, installé dehors sur une terrasse face à la route. Nous buvons un thé en compagnie de Khalil, un jeune homme trapu au visage disgracieux, qui nous regarde d'un air benêt et affirme :

— Reagan, roûb ! Reagan roûb !

Ce qui signifie qu'il est extrêmement satisfait de la politique de soutien massif des États-Unis à la résistance afghane initiée par le président américain Ronald Reagan dès le début des années 1980. À peu de chose près.

Cette soirée est douce. Les muscles s'engourdissent après notre franche journée de marche ; le moral est bon malgré le bol de riz et le thé pour unique nourriture. Un groupe de chameliers sort de la nuit, les bêtes devant, majestueuses et sûres d'elles. Un des chameaux se dirige droit sur une mine antichar. À force de gesticulations, trois moudjahidin font dévier l'animal. La caravane continue son chemin, indifférente. La soirée passe, les lampes s'éteignent et, moins d'une heure plus tard, nous dormons tous à même le sol sur des paillasses dépliées là.

Départ à quatre heures du matin, le ventre vide. Nous sommes le 1er juin 1988.

Durant les jours à venir, nous allons traverser cet Est afghan de montagnes et de maquis.

Au camp de Jaji, après le départ d'Ahmad et avant l'arrivée de Gilles, j'ai commis l'incroyable ânerie de proposer à Mama Habib de faire une course de cheval. Fatale erreur de l'oisiveté. Tout allait bien dans les premières minutes, mais quand nous avons fait demi-tour pour redescendre vers le camp, quand nous nous sommes pris au jeu et avons cravaché, pleins d'enthousiasme, les flancs de nos canassons, quand, après avoir pris de la vitesse, celui sur lequel j'étais monté décide de partir sur la gauche, moi et la selle avons continué tout droit.

La selle n'a rien eu. Moi, la clavicule brisée. Malgré la douleur, je n'ai pas eu conscience d'avoir un os cassé, aussi ai-je décidé de ne pas arrêter là l'aventure en allant me faire plâtrer au Pakistan. Sur les conseils de Gilles, une semaine après la chute, un moudjahid rebouteux m'appliqua un mélange d'œufs et de farine après m'avoir recassé la fragile soudure de l'os en pensant remettre en place une épaule déboîtée. Depuis notre départ de Jaji, je souffre le martyre.

Mais la douleur ne surpasse pas l'enchantement quand notre colonne arrive sur un plateau hors du monde, comme en cette fin d'après-midi. Là, seul, au beau milieu de cet espace de velours, un genévrier lutte contre le vent. Avec panache. Les collines coulent sur le plateau. Les roches et la végétation donnent au paysage des jetées de couleurs bleue, pourpre ou verte. Les contrastes sont violents, et de simples ombres deviennent des ténèbres. Sur le vallon de l'horizon, un mouchetage de taches noires voisine avec un autre, plus épars, de taches beiges : un troupeau de moutons karakuls et un autre de chameaux. Le berger dort quelque part.

Un vent glacé boit la sueur de nos corps brûlants. La fatigue me rend euphorique, mais je retrouve au fond de moi assez d'énergie pour continuer des heures encore.

Le soleil couchant rase la succession de crêtes montagneuses qui s'étendent à perte de vue, au nord. Notre groupe se scinde. Trois hommes partent avec les chevaux par un chemin praticable, tandis que Gilles et moi suivons le reste des moudjahidin directement à flanc de montagne. C'est une course folle durant une demi-heure ; nous avalons des centaines de mètres de dénivellation et des kilos de poussière.

En parvenant en bas, à proximité d'un village, l'inquiétude gagne les hommes. On nous fait presser le pas. Nous stoppons dans le bourg suivant, fraîchement bombardé et totalement désert. Les chevaux mettent plus d'une heure à nous rejoindre. L'inquiétude des moudjahidin monte et personne ne nous dit rien. La nuit tombe, la fatigue nous gagne et ma douleur dans l'épaule devient insupportable. Il fait nuit noire quand ils arrivent enfin.

Nous passons la nuit dans une maison sans toit. Silence. Les moudjahidin s'arrangent chacun un coin, tandis que Bassir, un costaud aux yeux mongols, prépare le dîner : du thé. Gilles s'endort sans attendre. Je m'allonge à mon tour, enroulé dans mon *patou*, un grand châle de laine. Mon épaule me brûle. J'ai l'impression que l'on est en train de me déchirer les muscles. La douleur, le froid : je n'ai dormi que deux heures quand l'aube réveille les chiens.

Dans la lumière laiteuse du matin, un feu est allumé à l'aide d'une poignée de brindilles. Les flammes mordent le bois encore humide de rosée quand un bourdonnement nous fige : des avions ! Le feu est éteint, les affaires sont instantanément remballées, les chevaux cachés entre les arbres. Gilles et moi sommes poussés dans la faille d'un rocher. Bassir, lance-roquettes à l'épaule, scrute le ciel, debout à côté de nous. Les avions resteront invisibles et les explosions lointaines. Nous redescendons vers la maison en ruine.

Quelqu'un rallume le feu. Retour des avions. Nous avons tous le temps d'atteindre une grotte où l'on s'entasse en vitesse. J'ai pu attraper un morceau de pain sec. Cette fois, des bombes retournent le sol beaucoup plus près. Déchirures terribles. Les avions, obligés de voler haut à cause des missiles américains Stinger qui équipent la résistance depuis peu, manquent de précision dans leur bombardement. Mais, dessous, cela demeure violent, même à l'abri. Quand le déluge semble s'être calmé, seuls trois hommes sortent. Le reste du groupe ne bouge pas et l'on finit par s'endormir les uns sur les autres. On n'émerge que vers midi, pour apprendre que l'on passe la journée ici.

Pour de bon cette fois, le feu est rallumé. Deux moudjahidin y font dorer des *nans*, le pain plat traditionnel, à même la plaque de tôle posée sur le foyer. Après l'extrême tension de l'aube, l'endroit se fait magique. Le calme et la paix ont gagné le groupe de combattants. Une minute, une seconde, et l'Afghanistan terrible redevient un paradis simple. Les couleurs – le rouge de la roche, les verts inégalables d'une végétation de printemps – alliées à la lumière sèche de l'Hindu Kuch ont cet éclat, cette splendeur incomparable.

Au crépuscule, nous arrivons aux portes du désert de Zormat. Les moudjahidin ne nous disent jamais où nous sommes. Pour leur sécurité future et la nôtre, notre itinéraire doit rester le plus imprécis possible. Ce n'est que des années plus tard que je découvrirai le nom et surtout la réputation de ce bout de désert. Passage obligé des convois d'armes de la résistance, la terrible plaine de Zormat est le lieu des embuscades soviétiques les plus meurtrières. Une plaine immense, plate comme une lame de couteau, sans le moindre trou où plonger lorsqu'une volée d'hélicoptères attaque subitement et déchiquette les caravanes.

Il fait nuit noire et je ne sais qu'une chose : la guerre est là, dans ces carcasses de chevaux fauchés, ou plus loin, le crâne blanchi d'un chameau. On s'élance pour quatre heures, tantôt de marche, tantôt de course. Une avancée sans rythme, épuisante. Nous suivons le lit empli de galets ronds d'un oued. Dans l'obscurité, un cauchemar pour les chevilles. Comme les moudjahidin, je porte des baskets de fabrication pakistanaise.

Gilles, en tombant, écrase un de ses appareils photo. Par moments, nous entendons le bruit d'hélicoptères et d'avions qui patrouillent, invisibles, au-dessus de nos têtes. La nuit est sans lune. Nous atteignons enfin une oasis et, après avoir erré un peu à travers le village, nous nous réfugions dans une ferme abandonnée tandis que les bruits d'explosions se font plus nets. Une étable de fortune est improvisée pour les chevaux, les hommes se répartissent dans les différentes pièces. Restons-nous là ? Repartons-nous ? Ayant compris assez vite qu'il ne servait à rien de demander, je profite simplement des moindres instants de répit. Dans les marches de nuit, dès que l'on s'arrête plus de quelques minutes, la plupart d'entre nous s'endorment. Trente minutes de sommeil suffisent à reprendre de l'énergie.

Je me réveille à cinq heures du matin. À huit heures, nous gagnons la demeure du chef, au centre du village où nous sommes. Dans un grand jardin ombragé, on nous offre du thé vert ou noir, quelques fruits secs, des abricots. Bientôt s'approche le père du chef, un vieillard dodu et plein d'assurance accompagné de son petit-fils. Il fait le modeste, la main sur le cœur, en saluant de-ci de-là et s'accroupit, le dos contre un mûrier centenaire. Il garde bien droite sa canne au pommeau usé et tient une énorme rose sous le nez. La matinée va se passer en palabres, bavardages que l'on voudrait sérieux mais qui véritablement ne le sont pas. Il s'agit de ne pas offenser le vieillard en lui faisant sentir que les affaires de l'oasis ne le concernent plus.

Enfin arrive son fils, bras d'hercule, regard fin et

sourire économe. Il doit peser cent kilos. Il faut voir la délicatesse que mettent ces guerriers afghans à vous tendre une tasse de thé avec leurs doigts fatigués par le vent, les gâchettes, la glace et la terre.

Des enfants apportent pain et lait de chèvre encore tiède. Je termine mon paquet de cigarettes en début d'après-midi. Attente. Les heures passent. Rien d'autre à faire que dormir ou écrire. Au moindre regard dans le vague, un moudjahid vient immanquablement s'affaler contre moi, se met à l'aise, m'attrape la main en souriant, la caresse et me demande huit fois comment je vais, si j'aime l'endroit, si je veux du thé, tout en me regardant fixement. Mais le plus infernal de tout, ce sont les mouches. La mouche afghane – *magasse* en persan, ça ne s'invente pas – est d'un sans-gêne unique. Elle s'arroge le droit d'aller où bon lui semble. Elle a même une préférence toute particulière pour les narines et les oreilles. Rien n'y fait. Pour ne pas avoir l'air oisif, il faut prendre l'air assoupi et, pour être assoupi, il faut tendre son turban depuis les pieds jusqu'à la tête et disparaître dessous.

Je dors.

Sans un mot, un moudjahid s'approche, me secoue et m'offre une Bahman, une cigarette iranienne. Sa fumée âcre m'offre, l'espace de quelques minutes, un réel moment de bonheur.

Toute la journée, nous sommes survolés par les avions ennemis. Parfois ils bombardent. La nuit tombe, nous entrons dans une maison pour dîner. Assis tous ensemble devant une toile cirée dépliée au sol, nous partageons une soupe de viande. Gilles et moi refusons poliment les bouts de gras que l'on nous tend. Nous ne manquerions pas de vomir instantanément tant ils sont rances.

Après le thé, nous repartons dans le désordre. Des moudjahidin sont déjà éparpillés à travers champs alors que nous saluons encore notre hôte. Nous franchissons les limites du village au pas de course. Un dernier ruisseau et revoilà le désert, la véritable partie dangereuse de la plaine de Zormat. Effectivement, après trois buttes, le terrain devient plat. Pas un arbre, pas un bosquet, pas la moindre touffe sèche. Vide. Je distingue très loin devant les lumières dansantes des postes militaires entourant la garnison ennemie de Gardez.

Suivent cinq heures d'une marche forcée abrutissante. Cinq heures de course durant lesquelles nos seuls moments de repos sont ceux où nous nous jetons à terre au départ des fusées éclairantes. De grandes parties de la plaine sont alors illuminées. Inconscient du danger que ces fusées représentent, je savoure les minutes d'immobilité qu'elles imposent. Puis les ténèbres retombent et nous repartons en courant. Mes yeux se ferment de temps à autre et seules mes jambes avancent machinalement. Je ne pense plus à rien. Mon avenir, mon seul but, est la silhouette imprécise du moudjahid qui court devant moi. Plus rien n'a d'importance, pas même ces fusées, pas même les explosions d'obus. Quand un peu plus de lucidité me fait regarder autour de moi si une aspérité, un trou, une bosse, me permettrait de m'abriter, je ne vois rien, rien qu'un sol atrocement plat. L'avenir est devant, uniquement devant, dans la course. Repérés ici, nous sommes tous morts, déchiquetés, instantanément.

À quatre heures du matin, nous avons contourné les postes ennemis par la gauche. On s'engouffre dans une maison de deux étages. On s'affale, je dors. Une poignée d'heures passe, j'ouvre un œil. Un enfant m'observe, la tête glissée dans l'encadrement d'une porte. Il est sept heures à ma montre. Sans avoir fait plus de mouvement, je referme les yeux.

Le visage de l'homme qui nous apporte du thé et du pain, un peu plus tard, semble avoir été vidé de toute vie. À peine âgé de trente ans, il n'a plus une dent, son regard est froid. Il m'offre une cigarette. Je sors pour découvrir que le village où nous sommes n'est habité que d'enfants. Tous ont le même regard. Qu'est-ce qui s'est passé ici ? La mort est la seule chose *vivante* au fond de leurs yeux. Qu'ont-ils vu ?

Ils ne chahutent pas l'étranger que je suis. Ils attendent et regardent, me regardent. Sans rien dire. Je rejoins mes moudjahidin à l'intérieur. Un adolescent s'est assis près de mes affaires. Mon Dieu ! Il a seize ans tout au plus et son visage est creusé de rides, de véritables rides, nettes et profondes. Il n'a pas encore de poil sur le menton. Il m'effraie. Ce visage n'est pas *normal*. La guerre. Voilà ! Lui, comme les autres enfants, ne sourit qu'en surface.

C'est ce que je garderai de l'occupation soviétique de l'Afghanistan, d'effrayants visages d'enfants. Les Russes sont arrivés en décembre 1979 dans ce pays, sous le prétexte, habituel aux invasions, de venir au secours et à la demande du régime en place. Un million et demi d'Afghans sont morts durant les dix années d'occupation.

Des rêves étranges s'emparent de moi alors que je

me suis assoupi. Du chaos, des explosions qui se rapprochent. Ce n'est pas un rêve. La dernière explosion, à une centaine de mètres, fait sursauter tout le monde. Les murs, le sol, la terre, tout vacille. Souffle terrible. Les muscles tendus, allongé sur les coudes, la bouche ouverte, j'attends la suite. Ce n'est que silence. Les sons reviennent progressivement. Mais comment diable font-ils pour vivre ici ? En fin d'après-midi, la colonne s'ébranle pour aller se tasser à la sortie du village, cachée de l'ennemi par les murs des dernières maisons. Les montagnes sont proches, mais il reste une longue portion à découvert. Nous demeurons invisibles des communistes jusqu'à ce qu'il fasse suffisamment nuit. Alors, par petits groupes, recroquevillés sur nous-mêmes, nous courons ventre à terre. Une fois à l'abri dans les collines, l'ascension continue sur le même rythme soutenu. Des obus explosent continuellement autour de nous. Nous sursautons quand ils sont vraiment trop près. Je n'en reviens pas du bruit énorme que font ces saloperies. Sommes-nous visés ? Personne n'en sait rien. Mais nous passons bel et bien dessous.

Nous marcherons encore une bonne partie de la nuit. Nouveau village. Toujours les explosions. Je me rapproche du commandant, le docteur Schwab, afin de savoir ce qui arrive. La tension est palpable. Les explosions illuminent tous les alentours. La porte d'une maison s'ouvre, nos fusils se braquent instantanément dessus. Un homme en sort et vient parler au docteur Schwab. L'inconnu nous conduit à la mosquée. Après une cour intérieure, on nous installe dans une gigantesque salle de prière au sol recouvert de paille. Dans un bel alignement, des colonnes de bois supportent une charpente de couleur bleue. Des alcôves sont creusées dans les murs pour recevoir le Coran et autres objets. Un lieu de paix. Des villageois nous apportent du thé. Dans ce pays, c'est avec une rapidité fulgurante, et dans les deux sens, que l'on peut passer d'un instant d'extrême tension à celui d'un bonheur quasi surnaturel. J'avale thé sur thé, heureux. Heureux d'être en vie, heureux d'être dans cette mosquée magique, heureux de fatigue...

Puis je sors fumer. Beaucoup de moudjahidin de notre groupe sont là, arme au poing, sur le qui-vive. Il fait nuit noire, les bombes continuent de tomber. Des explosions allument l'horizon. L'horreur, pas loin mais ailleurs. Ailleurs l'horreur...

Les moudjahidin sont dans Kaboul

Mes cuisses brûlent. Voilà bien deux heures que l'on grimpe à ce rythme impossible, à cette allure sans cesse cassée, marche au pas, accélération, arrêt...

J'éprouve une grande fierté, fouetté par un vent de glace, d'être dans la première moitié du groupe à la halte du col. Avec quelques moudjahidin en manque d'air, nous nous sommes dissimulés dans le repli d'un rocher, face à la vallée de Maydan Shahr en proie à de violents combats et sous le feu des Mig russes.

Les appareils, de minuscules points brillants très malaisés à distinguer dans le bleu du ciel, tombent en piqué, lâchent leurs bombes et remontent aussitôt. Le fracas des explosions ne nous parvient pas, là-haut, mais l'on imagine sans peine la violence, les éclats de métal déchirant l'air, la chair, devant le spectacle de la terre qui se soulève... J'ai encore cette vallée en tête, voilée par la brume, la distance, la poussière et la chaleur de l'été.

Nous sommes enfin en route pour Kaboul. Depuis deux semaines, nous attendions ce moment à Sanglakh. Après la plaine de Zormat, il nous fallut encore plusieurs journées et nuits de marche pour rejoindre le fief du Harakat-e-Islami dans les montagnes de l'est de Kaboul. Gilles et moi y avons découvert, un peu au-dessus de Jalez, un camp au bord d'une rivière dont le bâtiment principal était en pierre. Nous fûmes logés plus haut, dans une tente imposante érigée contre une paroi de schiste, à proximité d'un abri creusé au cœur de la roche. Au sommet de chacun des pics qui bordent la vallée de Sanglakh, les moudjahidin ont disposé des batteries antiaériennes et un poste d'observation enterré. L'eau est acheminée à dos d'âne jusque là-haut. De chacun de ces postes, on voit le même paysage de montagnes brûlées et de vallées émeraude coulant leurs manteaux d'écailles dans les moindres coudes, dans chaque fissure. L'Afghanistan est un labyrinthe pour le vent. Il se jette dans les reliefs, saccage la rue d'un bazar, remonte une paroi sous le frisson des graviers, escalade un sommet de neige et retombe avec violence sur un nouvel écrin de verdure. Alors, parfois, il se repose, le feuillage des tamaris géants se calme, les blés ne dansent plus... pour quelques heures.

Dans une vallée voisine, un autre camp en dur abrite la prison où sont gardés cinq hommes. Les bougres sont de simples soldats qu'un mauvais sort a jetés du côté communiste, et aujourd'hui dans les mains des résistants. Ces prisonniers sont afghans et traités fraternellement. Semble-t-il.

Nous allons vivre une quinzaine de jours dans ce camp, au rythme ennuyeux de la guerre. Deux semaines afghanes faites de : « On y va demain... *inch Allah* ! » Je me rends compte que c'est peut-être cela qui leur a permis de gagner la guerre face aux Russes. Imaginez un espion que le KGB aurait réussi à infiltrer auprès d'un groupe important de la résistance. L'espion chanceux assiste à une réunion au sommet entre plusieurs commandants, alors même qu'ils sont en train de planifier une attaque concertée sur une garnison russe pour le lendemain. L'espion parvient à s'échapper, rejoint la garnison et informe les officiers russes de l'attaque imminente. Le lendemain, à l'heure annoncée : rien. Le surlendemain : idem. L'attaque se produira une semaine plus tard, *inch Allah*, alors que la surveillance se sera fortement relâchée. J'exagère à peine !

Ahmad, qui était allé dans tous les groupes de la résistance, m'avait dit, à Jaji, que les hommes du Harakat-e-Islami étaient les plus disciplinés qu'il avait rencontrés. En effet, dans ce camp comme dans celui de Jaji, les hommes font du sport, s'entraînent. Certains apprennent à lire et à écrire. Ils portent l'uniforme et leurs cheveux sont coupés court. En croisant d'autres groupes de moudjahidin sur les routes, je me suis rappelé les mots d'Ahmad :

« Au Harakat, ils me plaisent beaucoup parce qu'ils essayent d'éduquer les jeunes. Dans les autres groupes où je suis allé, les moudjahidin ne foutaient rien de la journée. Boire du thé, dormir, se gratter, prendre sa kalach... certains ne savent même pas comment elle fonctionne, leur kalach. C'est vraiment un monde de barbares ! »

Nous avons marché une longue, longue journée dans les montagnes. Kaboul est dans un cirque. Nous passons, au crépuscule et en silence, une dernière crête pour arriver avec l'obscurité, épuisés, au bas du plateau. La ville au loin s'allume. Quand le croissant de lune apparaît, Kaboul est une irréelle masse de points jaunes scintillants. Une flaque géante de lumière ondulante dans les brumes de chaleur qui montent des champs. Ses contours sont parfaitement dessinés. Black-out ou non-approvisionnement en électricité, les faubourgs et la campagne sont dans le noir total. La clarté flottante du cœur de Kaboul va provoquer sur nous, dans les interminables dernières heures de marche, une attirance anesthésiante. Destin temporaire mais peu glorieux de phalènes.

Durant les premières heures de la nuit, onze moudjahidin marchent avec nous. Arme au poing, ils fendent l'obscurité, déployés en éventail. Dispersion. Ne pas former une masse compacte en mouvement, plus repérable. Régulièrement, autour de nous, des explosions. Au bout d'un moment, notre escorte disparaît. Elle ne peut aller plus loin et fait demi-tour. Ne restent que Gilles et moi accompagnés d'Ahmet, le jeune frère du commandant Anwari, ainsi que d'un homme dont nous ne connaîtrons que le nom de code : Bilal. Pas le temps pour des adieux interminables. Les moudjahidin se sont évaporés. Nous continuons d'un pas vif. Ça tire, ça explose toujours. Les Russes pilonnent-ils à l'aveugle devant leurs bunkers ? Ça y ressemble. Les moudjahidin leur flanquent une peur viscérale. Les flèches rouges stridentes de balles traçantes zèbrent les ténèbres au-dessus de nos têtes. C'est drôle, je ne parviens pas à ressentir de peur, juste une forte excitation qui envoie suffisamment d'adrénaline pour que, épuisé, je marche encore.

Pas une seule fois, dans le noir, je ne me tords les chevilles en courant sur les murets de terre qui bordent les champs. Mais je m'érafle les paumes quand nous nous jetons à terre sous les fusées éclairantes lancées par les Russes. Plus un mouvement. La petite boule incandescente danse dans le ciel. Elle descend lentement, puis achève de se consumer. Les ténèbres reviennent. Pas un mot n'est échangé entre nous. Bilal a imposé un silence total. Comment fait-il pour trouver si vite son chemin ? Nous zigzaguons pendant des kilomètres et jamais il ne semble se tromper. C'est pour cela qu'il survit.

Enfin Bilal s'est accroupi, il nous attend. Lorsque nous arrivons à sa hauteur, sans un bruit, il nous désigne ce qu'il tient dans sa main. Un fil de téléphone ! Avec les mains, il nous explique : sur la butte de gauche, un bunker russe, sur la butte de droite, un second. Ce fil est une ligne de campagne. On ne se prend pas les pieds dedans ! Nous restons là une fraction de seconde durant laquelle nous *entendons* les conversations des soldats russes de faction. Ah merde ! S'ils savaient ! Bilal sourit.

Les ultimes kilomètres n'en finissent pas. Le vol assourdissant d'invisibles hélicoptères en rase-mottes nous plaque à nouveau au sol. Lors d'une dernière halte, cachés au fond d'un trou, Ahmet sort une Bahman de sa poche. Il allume la cigarette avec mille précautions et la tient cachée au creux de ses mains. Un Russe avec un appareil de vision nocturne même défectueux nous aurait vus comme de bien stupides lucioles au milieu de la nuit. Je n'osais demander cette cigarette. C'est une folie, mais puisque Ahmet l'allume... Il me passe la précieuse Bahman. Volute de fumée chaude, onguent de nicotine. Une suave brûlure me parcourt la gorge. Nous voilà, lui et moi, en compagnie de Gilles et de Bilal, à deux heures du matin, fumant en plein cœur des lignes russes, clandestins prêts à entrer dans Kaboul occupée. Cette cigarette est délicieuse.

Je ne me serais pas attendu à être surpris par ça : des murs de béton et une ampoule électrique. Depuis deux mois que je suis dans le maquis, je réalise soudain que je n'ai pas vu une seule ampoule fonctionner. De la même façon, ne vivant que dans des abris de montagne ou dans des maisons de terre, j'avais oublié comment un mur peut être droit, régulier. Nous sommes chez un clandestin du Harakat. Gilles s'effondre, moi, trop dopé à l'adrénaline, j'attends le thé. Puis nous dormons une grosse heure.

Nous sommes *dans* Kaboul !

Dans la lumière froide de l'aube, les alentours de la maison sont déserts. Nous marchons vite à travers les ruelles. Ahmet a glissé un pistolet dans son pantalon. À une encoignure, on s'arrête tels des voleurs. Les yeux d'Ahmet se baissent sur son ventre. Il tapote la crosse de son arme dissimulée sous sa chemise et relève la tête vers nous avec un air de comploteur. A-t-il vraiment besoin de nous transmettre sa propre excitation ? La fatigue et la peur donnent un goût d'acier à la salive. Et quelque chose martèle à l'intérieur de mon crâne. Nous sommes à bloc. Quelle fierté, mais quelle responsabilité pour lui d'avoir fait pénétrer deux étrangers au cœur du dispositif ennemi ! La voie est libre, nous repartons. Notre pas est pressé mais assuré. Bilal a l'air calme. Nous sommes dans un quartier de maisons basses que l'on ne peut distinguer derrière les murs d'enceinte en pisé pour la plupart. Nous passons de ruelle en ruelle. Le soleil commence à faire jaunir le haut des toits. À l'approche d'une route goudronnée, une voiture nous attend, une sorte de jeep russe. On grimpe. Le chauffeur nous est présenté, un faux nom sans doute, que je ne comprends pas, je n'écoute pas. L'homme sourit, tend des pains chauds et démarre. Soudain, l'horizon devient vaste. Il y a les cirques des montagnes, de l'espace, et des bâtiments modernes de quelques étages, des blocs soviétiques de mauvais ciment. Des gens, des silhouettes en costume occidental.

Un coup de frein un peu brusque réveille ma pleine attention : un barrage. La jeep se range sur le côté, et Ahmet nous pousse dehors le plus naturellement du monde.

« Gardez le pain ! Gardez le pain ! » nous dit le chauffeur.

Je suis enchanté de pouvoir continuer à manger. Bilal nous entraîne à nouveau dans les ruelles. Nous coupons à travers le quartier pour contourner le poste de contrôle. La jeep nous attend de l'autre côté.

Gilles et moi découvrons Kaboul, occupée par l'Armée rouge, derrière les vitres sales d'une jeep de moudjahidin infiltrés.

Des femmes ! Première fois depuis deux mois que l'on voit des femmes. Pour être honnête, il y a bien eu cette vieille édentée, dans un village après la plaine de Zormat, voilà trois semaines. Elle coupait de la viande à l'aide d'une hache sur un billot aussi vieux qu'elle. Et puis à trois ou quatre reprises, c'est vrai, nous avons surpris des silhouettes espiègles dans les champs. Mais les créatures que l'on aperçoit dans les rues de la capitale afghane portent des jupes qui remontent presque en haut du tibia ! Dans les rues !

Dans le centre, il y a foule. À chaque carrefour, un

blindé russe est stationné. Autour, dessus, quelques soldats blonds et désinvoltes dans leurs T-shirts blancs à rayures horizontales bleues fument des Cosmos infectes. Si le soldat est casqué, le casque est de travers, et ceux qui ont un béret le portent large et très en arrière. Nous sommes au comble de l'excitation.

Pas idée du quartier dans lequel nous nous trouvons. Nous avons passé un portail de métal et nous sommes installés dans une pièce donnant sur une petite cour intérieure. Des fenêtres et des rideaux. Un meuble en formica, des couvertures et des coussins, une télévision. Une cigarette, et je m'endors. À l'origine, il avait été convenu que nous restions un certain temps dans Kaboul afin d'accompagner des moudjahidin dans des opérations de *terrorisme urbain*. Ils avaient parlé de nous faire assister de loin à une embuscade contre des officiers communistes et même de tirer des roquettes sur je ne sais quel objectif. Comme à l'accoutumée, nous pensons qu'il va falloir attendre ici un certain temps. J'émerge en milieu de journée. Festin. Ahmet est particulièrement fier d'étaler devant nous des fruits frais et de la viande rôtie, que je dévore imprudemment. Bien vite, la richesse de toute cette nourriture me rend atrocement malade.

Pour résumer la guerre, deux mots s'imposent immédiatement : attente et... attente. Des semaines dans un camp, encore des semaines dans un autre, entrecoupées de marches exténuantes, de bombardements et de secousses fulgurantes de peur. Ahmet nous affirme que les choses se préparent. Vu la situation et la prouesse que ce fut de nous faire entrer dans Kaboul, nous sommes confiants. Le lendemain, avant l'aube, un hélicoptère passe en trombe, très bas au-dessus de la maison. Il sonne l'heure de la première prière, le thé ne tarde pas. Quelques gorgées, un peu de pain, cigarette. Je dors.

Dans l'après-midi, alors que je m'autorise quelques cerises, un Afghan en uniforme d'officier communiste entre dans la pièce. Il s'adresse à Ahmet, les deux parlent avec vigueur, puis se taisent. Je n'en mène pas large en regardant mes pieds...

— Il est avec nous !

Ahmet éclate de rire, ravi de son effet. Puis il reprend son air concentré.

— J'ai une mauvaise nouvelle. On ne peut monter les opérations prévues dans les jours qui viennent. Les contrôles ont été renforcés dans le quartier. Il ne faut absolument pas que vous sortiez.

Ahmet ne peut nous donner aucun délai. Un jour, une semaine. Les risques sont trop grands.

— Peut-être devrez-vous rester cachés ici pendant un mois ! Choisissez ! Sinon, il faut repartir cette nuit !

Un mois, non ! Trop dangereux. Pour nous-mêmes, mais plus encore pour Ahmet et ses hommes. Nous faire entrer dans Kaboul était exceptionnel, tenir notre présence secrète durant trois ou quatre jours est un exploit. Tenter de le faire durant un mois est illusoire et suicidaire. C'est décidé, nous partons cette nuit. Toujours affreusement malade, je ne sais pas si je vais seulement pouvoir marcher. En fait, c'est Gilles qui a pris les choses en main. Moi, j'en ai ras le bol ! Je préférerais rester, simplement parce que je ne veux plus bouger. Je suis malade à crever.

Avant la tombée de la nuit, nous allons tout de même parcourir la ville une nouvelle fois dans la voiture de l'officier afghan. Tout photographier. L'aéroport, la ville occupée, les convois militaires sur les routes. Je n'ai plus peur, je me laisse porter par un sentiment qui est supérieur en intensité. De l'adrénaline pure coule dans mes veines quand nous passons certains barrages sans nous arrêter, malgré les signes des soldats de faction. Ou qu'un peu plus loin des hommes armés semblent faire mouvement vers notre véhicule à l'arrêt et que, caché derrière la portière arrière, je fais au téléobjectif des photos inintéressantes et invendables. Floues ! Je suis trop jeune, trop malade, trop épuisé par ces semaines de maquis pour maîtriser quoi que ce soit. Ma vie est entre les mains de ces résistants, de leur organisation, de leur courage, de leur culot. Et heureusement que Gilles est là.

La lune est levée. Ahmet nous offre à chacun trois médailles porte-bonheur et un gilet de laine. Il reste dans Kaboul. Étreinte. Je ne l'ai jamais revu. J'ai recroisé son frère, le commandant Anwari, au côté de Massoud, en 1998, dans le nord de l'Afghanistan. Mais jamais Ahmet. Nous repartons avec Bilal et un jeune moudjahid.

Au frais dans un verger, nous attendons que la lune se couche. Puis, les tirs au-dessus de nos têtes, nous reprenons la course, toujours, des heures durant. La fatigue est telle que je me vide littéralement de mes dernières réserves d'énergie. La maladie sort de ma peau en même temps que ma force. Et, étrangement, je tiens debout sans peine, sans ressentir ni vertige ni même envie de dormir. Je pourrais presque continuer indéfiniment cette marche... Quand, dans moins de deux semaines, je me regarderai nu dans le miroir d'un hôtel pakistanais, je verrai un squelette au visage marqué.

Quinze heures que nous marchons. Nous arrivons au fond de la vallée. Une dernière ascension, puis nous retrouverons la plaine de Maydan Shahr, le repos du camp de Sanglakh. Bilal nous arrête. Prière. Il s'éloigne, alors qu'un groupe de combattants descend dans notre direction. À leur tête, un grand homme dégingandé aux yeux noirs. Menaçant échalas à qui des nuits de combat et de sang ont assombri jusqu'aux paupières. Il y a de la fatigue sur son visage, de la haine aussi. Une kalachnikov dans la main, comme une excroissance de sa malveillance. Il s'adresse à nous en persan, d'un borborygme méprisant :

— Vous êtes qui, vous ?

— Nous sommes journalistes.

— Qu'est-ce que vous foutez là ?

Bilal revient à temps et réussit à faire s'éloigner l'homme qui avait déjà redressé son arme. À voir la tête que fait notre guide, nous venons de l'échapper belle. Qui sont ces hommes ? Mystère ! Pourquoi cette haine, cette envie de meurtre dans ses yeux ? Mystère.

À peine cinq minutes se sont écoulées qu'un autre groupe de moudjahidin descend du col. Plusieurs hommes vont à cheval. L'un d'eux s'arrête près de nous. Sans bouger, il nous observe, puis il me fait signe d'approcher. Je suis au pied de sa monture ; lentement, sa main ressort de sous sa veste avec deux œufs délicatement tenus. Il me les donne sans un mot.

Ses yeux ne disent rien. Ils me regardent avec simplicité et pudeur. L'homme relève la tête et, du talon, lance son cheval vers son groupe. Il fait un bref signe de la main, puis ne se retourne plus...

Les plus augustes des hommes dans une contrée de barbares.

La genèse du monstre

En serrant Ahmet Anwari dans mes bras alors que nous allions ressortir de Kaboul, nous nous étions dit, comme une vieille ritournelle, que je reviendrais quand l'Afghanistan serait en paix. Et lui de me répondre « *inch Allah* », qui dans ce cas précis signifie : c'est évident ! Je ne savais alors si j'allais revenir, mais, dans mon esprit de gamin, la paix, oui, avec le départ des Russes, c'était pour dans quelques mois. Les Russes achèvent leur retrait l'année suivante, en février 1989. Mais il faut attendre 1992 pour que le régime communiste afghan s'effondre. S'ensuit une guerre cruelle entre les anciens résistants. Certains chefs moudjahidin, loin de ranger armes et missiles, s'étaient mis à les retourner contre la population civile pour leurs propres intérêts. Luttes d'influence, vols, rackets, enlèvements ajoutent des milliers de morts à la liste déjà très longue des victimes.

Et voilà qu'à l'automne 1994 apparaît dans le Sud afghan un mystérieux mouvement religieux : les taliban. Personne ne semble savoir qui ils sont. C'est un événement à l'issue suffisamment dangereuse et incertaine pour l'homme que je suis alors. Un court article paru dans la presse française et repris d'un journal pakistanais relate le fait d'armes fondateur du mouvement naissant de Mollah Omar. Sur la route entre la frontière pakistanaise et Kandahar, deux commandants avaient pris en otage un convoi pakistanais. De mystérieux étudiants d'une école coranique libèrent les camions et pendent les cadavres des deux truands aux portes de l'aéroport de Kandahar, qu'ils sont en passe de conquérir. Les cadavres ont flotté dans le vent trois jours durant. Cet événement fut celui qui fit connaître les taliban au monde, qui leur donna un crédit important auprès des autorités pakistanaises et notamment de l'ISI, les troubles services secrets d'Islamabad.

Finalement, il aura fallu sept ans avant que je ne revienne sur la terre afghane. Sept années de guerre. Je prends un vol pour le Pakistan. Retrouvailles avec Peshawar où je ne reconnais rien. Passage par Quetta. Nous sommes le mardi 14 février 1995. Très vite, je me rends compte que ce voyage n'a plus grand-chose à voir avec celui de 1988.

Je suis le premier journaliste étranger à atteindre la ville de Kandahar, au sud de l'Afghanistan, depuis l'apparition des taliban. Sortant de nulle part, ils s'en sont emparés quelques semaines auparavant. Kandahar, l'ancienne capitale royale du pays, est en effervescence. Elle vit ce que vivent les lieux où les destinées nationales se dessinent. Les bouleversements, l'imprévu, les passions qui peuvent habiter le centre nerveux d'une révolution. Car c'est de cela qu'il s'agit, la révolution des taliban.

J'ai passé la bien étrange frontière pakistano-afghane en compagnie d'un guide afghan : Salahuddin. Nous étions convenus qu'il me posait à Kandahar et me présentait aux autorités taliban avant de s'en retourner. Il connaît un des mollahs du mouvement.

Le soleil se couche enfin. Dieu soit loué, l'hiver donne de courtes journées. C'est *Iftar*, le moment du crépuscule où l'on peut enfin rompre le jeûne du ramadan. Jusqu'à l'aube suivante. Seul étranger, seul *muzafar*, voyageur, à n'être pas musulman, j'observe par respect le jeûne depuis ce matin. Pas d'eau ni de nourriture tant que le soleil est dans le ciel. Pour les cigarettes, je fais de très discrets manquements aux règles.

Salahuddin achève sa prière tandis que je me régale de dattes confites. Nous sommes arrivés trop tard en ville pour rendre visite à qui que ce soit aujourd'hui. Aussi nous nous sommes installés dans une maison de thé. D'ordinaire, le repas est pris en commun, à même le sol. Suivent thé et bavardages, puis, assez tôt, chacun dort à l'endroit où il a mangé. Nous sommes à trois cents mètres du palais du gouverneur, vaste bâtiment occupé depuis peu par les chefs taliban. Les murs de la maison de thé sont recouverts de mille ans de crasse, de fumée et de sueur. Les clients déploient châles ou couvertures entre les colonnes de la pièce centrale et, à tour de rôle, entament leurs prières. Un employé attend qu'une place se libère. Il jette une couverture au sol, se redresse, ajuste les pans de son vêtement et entreprend sans grande conviction la quatrième prière de la journée. Au milieu des psalmodies, voilà qu'un mendiant fait irruption, un enfant de six ans tout au plus, qui pleurniche pour un reste de pain. L'employé abandonne là son Dieu avec fureur, décoche une baffe monumentale au gamin et bondit à sa poursuite en lançant jurons et savates. Il revient après cinq minutes, rajuste les pans de son vêtement, ne fait pas même l'effort de reprendre son souffle et achève de marmonner sa prière en se passant un doigt sale sur l'œil. Ça fait rire tout le monde, sauf Salahuddin, revenu s'asseoir à côté de moi. Le patron, les pieds nus, scrute chaque recoin de la salle de restaurant. Puis il bouge sa carcasse musclée et se porte, d'un air important, vers un groupe de voyageurs installés près de nous pour les questionner. C'est que les choses évoluent ces temps-ci. Même pour les gens de Kandahar, la situation est nouvelle. Chacun apporte une anecdote récente, des informations sur l'avancée des taliban vers Kaboul, sur ce qui se passe dans cette vallée, dans telle autre. Dans un pays où la tradition orale est très forte, la rumeur est un art. L'arrivée dans la pièce d'un nomade kutchi, enveloppé d'un manteau en poil de chameau, relance la discussion. À voix basse.

La salle se remplit. Enfin, les employés déroulent devant les convives muets une bâche en plastique sur laquelle ils jettent avec méthode des pains plats. Raclements, rots, reniflements et bruits de bouches. Dans la pénombre des lampes à pétrole, chacun a vite fini son écuelle et fait un sort aux nans.

Les gamins roulent la toile cirée, remballent les torchons et les restes de pain. Le thé, une cigarette, vingt-cinq voyageurs assis par terre en petits groupes savourent l'instant. Bavardages discrets, silence, on attend l'heure des nouvelles. Quelqu'un sort une petite radio de sa poche, tourne trois boutons. Une voix pachtoun et grésillante s'élève dans les volutes de fumée. C'est la « Voix de l'Amérique », la Voice of America en version pachtoun.

Un gros chat roux vient lécher les reliefs de gras qui forment des taches sombres sur les tapis. Dans la nuit, les fourmis s'occuperont des grains de riz. Les hommes se taisent, les thés sont bus en silence. La danse des flammes des lampes à pétrole projette des ombres mal définies. Les yeux de tous les voyageurs regardent dans le vague, fixant un point invisible devant eux. Tandis que la voix parasitée vole dans la pièce, le nomade approche mécaniquement le verre de thé de ses lèvres. Il tient le breuvage avec trois gros doigts rendus rugueux par le vent, les coupures et les cordages que l'on tend pour fixer le chargement sur les bêtes. Le liquide est brûlant et très sucré. Odeurs de relents de mouton, de thé chaud, de quelques cigarettes et de terre, toujours de terre. Les soirées sentent cela en Afghanistan.

Et soudain la nouvelle ! Sharasyab vient de tomber. Les taliban se sont emparés de ce qui était encore quelques heures auparavant le quartier général de Gulbuddin Hekmatyar, au sud de Kaboul. Comment est-ce possible ? Massoud n'y est pas arrivé en trois ans de lutte acharnée et voilà que des étudiants en religion... en quelques heures. Dans la maison de thé, les regards se croisent, les oreilles se tendent pour capter un mot, un détail supplémentaire.

— Maintenant, il n'y a plus que Kaboul devant eux !

— Dieu soit remercié, Gulbuddin était un homme cruel.

— Il s'est enfui au Pakistan ?

— Non, ils disent qu'il est à Sarubi.

La radio est rangée aussi vite qu'elle est apparue. Et le silence se réinstalle. Quel étrange ramadan ! Depuis la prise de Kandahar, les taliban vont vite, très vite, et remportent succès après succès. Militairement, personne n'y était parvenu. Et personne n'y était préparé.

Le palais du gouverneur n'est plus rempli que de tapis élimés. De grandes pièces parfaitement vides où tout mobilier a disparu. Le hall est désert. Une montagne de chaussures s'élève à l'une des portes. À l'intérieur, il fait froid et ça sent les pieds. Un jeune taliban nous guide, je suis en compagnie de Salahuddin. Nous entrons dans une pièce sombre, toute simple. Deux canapés se font face, une table de métal, quelques chaises, me voilà dans le saint des saints de la direction taliban. Assis derrière cet unique bureau, Mollah Wakil Ahmad Motawakel se présente comme le responsable des relations extérieures. À trente ans, il est le secrétaire particulier de Mollah Omar, le chef suprême des taliban qui, découvre-t-on, dort en ce moment même sur un frêle lit de camp, dans la pièce contiguë, tout juste séparée par une porte vitrée. Devant nous passent nombre de mollahs, des combattants.

On nous fait signe de nous asseoir. Un espace nous est dégagé sur l'un des deux canapés. Prestement, un taliban se lève et les autres se tassent. Unique objet dans la pièce, un livre de photos sur Berlin datant des années 1970. Deux taliban au turban noir gigantesque, les yeux cernés de khôl, épaule contre épaule, feuillettent l'ouvrage, affalés dans le même canapé que nous. Avec nonchalance, ils tournent les pages de gauche à droite. Les deux hommes sont vite rejoints par d'autres, autour du livre, et l'on me demande de lire les légendes. Elles sont en allemand, je ne parle pas allemand.

Wakil Ahmad Motawakel fait très jeune. Il porte un turban blanc, son visage est émacié et son regard fier, ses paupières en demi-lune. La fatigue et la faim sont en cause, sans doute, plutôt que l'arrogance. Salahuddin fait les présentations. Le mollah qu'il connaît est absent, mais Wakil Ahmad est un homme important. Secrétaire de Mollah Omar, on ne pouvait pas espérer mieux. Il n'a pas l'air commode, mais il se révèle peu contrariant. Je peux aller où je le souhaite, je peux parler à qui je désire, je peux voir tout ce que je veux. Et, avec le même naturel, il m'annonce qu'il m'est interdit de photographier les êtres vivants. Je suis très désappointé. Le peu d'anglais de Salahuddin n'est pas suffisant pour que je comprenne les éclaircissements théologiques qu'il me donne afin de justifier l'interdiction. Il me faudra d'ailleurs du temps avant de cerner la *logique taliban* de certaines pratiques étranges.

Cette interdiction de photographier les êtres vivants est très partiellement respectée par le tout-venant des escadrons taliban, loin des villes. L'explication religieuse est difficile à obtenir, rares étant les taliban à savoir le pourquoi de cette mesure. Il m'est le plus souvent répondu que les images éloignent de Dieu. La justification semble venir de l'époque du Prophète, période à laquelle, en Arabie, les cultes païens fleurissaient. Allah ne peut avoir de visage, il ne peut être représenté. Il est Tout, Unique. L'adoration d'idoles, d'images, de figures ne peut que détourner l'homme de Dieu. Une photo de Mollah Omar serait susceptible, par exemple, de pousser le croyant à adresser ses prières à cette représentation plutôt qu'à Dieu. C'est un blasphème. Voilà pour l'exposé sommaire de la raison religieuse. Sans doute y en a-t-il d'autres.

Salahuddin aimerait repartir le plus vite possible pour le Pakistan. Wakil Ahmad Motawakel a demandé qu'on me trouve, dans la ville, une personne qui parle anglais. Nous prenons congé. Derrière la porte vitrée, Mollah Omar dort encore.

Personne ne m'a réclamé mon passeport, on ne s'est enquis que de mon nom et de ma nationalité. Je suis à trois mètres de Mollah Omar et l'on me prie de commenter des photos touristiques de l'Allemagne de l'Est dans les années 1970. On me regarde droit dans les yeux, on me sourit, on me jauge... Et l'on me laisse aller où bon me semble. Dans trois mois, et dans les années qui vont suivre, plus jamais je ne rencontrerai ce genre d'amateurisme qui fut celui des taliban au tout début de leur *révolution*. L'amateurisme va perdurer, mais devenir craintif, paranoïaque.

Devant le bâtiment proprement dit, et toujours dans l'enceinte du palais, des centaines de jeunes taliban s'ébrouent sur une grande pelouse jaune. Par groupes plus ou moins importants, beaucoup de jeunes Afghans venus de tout le pays, mais aussi du Pakistan voisin, attendent un ordre, des instructions, ou tout simplement que quelqu'un vienne leur dire ce qu'ils doivent faire. C'est une marée de volontaires qui arrive sur Kandahar. L'étranger que je suis est invité à s'asseoir dans chacun des groupes.

— Étranger, viens t'asseoir, prends un thé ici, viens !

— Merci, mais c'est ramadan.

— Tu es musulman, par la grâce de Dieu ?

— Non, je suis chrétien, mais je respecte le ramadan.

— Non, chrétien, tu n'es pas obligé de jeûner, assieds-toi ici et viens boire un thé. Veux-tu une orange ?

Les taliban n'ont d'uniforme que leur probité. Turbans, châles, longues chemises et amples pantalons. Ils sont vêtus comme tous les Afghans. Peut-être un peu plus frustes, moins apprêtés. Sans la moindre ombre de coquetterie. Pas de manchettes aux poignets, mais le tissu de la chemise qui s'arrête net. Pas de col. Cet air fier, ce regard exalté et cette arme permettent seuls de faire la différence. Leur superbe n'empêche pas les rires, la bonne humeur et les blagues. Ils sourient sans cesse. Un seul me menace dans cette enceinte. Le garçon, qui paraît retardé, est immédiatement tancé par ses frères d'armes, désolés de son comportement. Ces volontaires autour de moi viennent de madrasa. Austères écoles religieuses dans lesquelles, au Pakistan voisin, des dizaines de milliers de jeunes Afghans réfugiés ou fils de réfugiés ont passé leur enfance. Ils y apprennent à lire et à écrire, le Coran par cœur, quelques notions de calcul. Enfants d'Afghans, pour beaucoup, à cause de la guerre, ils ont usé les mêmes bancs que les jeunes Pakistanais. En rejoignant le mouvement des taliban, les voilà devenus soldats de la foi. Comme cela est exaltant ! Les voilà investis de la plus belle légitimité dont ils pouvaient rêver. Combattants de l'islam, ils offrent la paix à leur pays. Pour des dizaines de milliers d'Afghans dont dix ans de djihad contre les Russes et cinq si douloureuses années de guerre civile ont cassé tous les repères, voilà l'aventure de leur vie. Ils seraient devenus petits mollahs de village, paysans, commerçants de bazars. La même vie immuable et dure que celle de leurs pères, de leurs grands-pères. Cela dans un pays en proie à l'arbitraire, à la désillusion, à une injuste violence. C'est une grande révolution qu'ils épousent. Ils ont rejoint une vague, juste, noble, et en éprouvent une immense fierté.

Gul Mohammed a vingt-trois ans, il est pachtoun. Il y a quelques mois, un des professeurs de sa madrasa à Quetta, au Pakistan, lui a parlé des taliban. Avant même la chute de Kandahar, il les rejoint et fait ainsi partie des groupes qui prennent la ville, début novembre. À côté de lui se tient un autre taliban originaire du Badakhchan, province afghane à l'extrême nord du pays. Visage d'Asie centrale et barbe qui désespérément ne poussera pas. Il vient d'une madrasa de Peshawar.

Dans cette cour du palais du gouverneur de Kandahar devenue le cœur du mouvement des taliban, je n'entends pas de discours fanatisés, je ne vois que l'Afghanistan traditionnel, accueillant. Celui que j'avais parcouru sept ans auparavant. Des signes de curiosité, d'intérêt, à mon égard, des gestes d'hospitalité. Un mollah à la barbe blanche éclate de rire quand on lui apprend que je suis français. Sans doute à cause de sa vue basse, il avait été abusé par mon visage de Tadjik et mon habit local.

— Français ? Oh, oh, oh !

Il farfouille dans son gilet, l'œil coquin, et en sort

une orange qu'il me tend. Un jeune taliban au visage noir majestueusement surmonté d'un turban blanc m'attrape alors la main et la garde dans la sienne. Il m'entraîne dans une petite promenade, me donne une fleur en s'excusant de n'en avoir pas trouvé une qui sentît meilleur encore ; son comportement est loin d'être ambigu, malgré la réputation de Kandahar. Voilà, aussi et surtout, l'Afghanistan. Les plus augustes des hommes dans une contrée de barbares. Je le reverrai des mois plus tard. Le gaillard et ses frères vont devenir les gardes du corps de Mollah Omar. Je le saluerai de derrière les grilles de la maison du mollah. Même regard grandiose, mais le sourire est devenu distant.

Pour traverser Kandahar à pied, il faut moins d'une heure. Autour de quatre bazars, ces grandes artères se rejoignent à angle droit, coupées de mille ruelles de terre et de secrets. L'atmosphère y est celle d'un autre temps, hors du monde. Le Moyen Âge où ne seraient apparus, subitement, que diesels tout-terrain et armes automatiques. Exception faite de ces découvertes technologiques majeures, voici un lieu où il est envisageable de se heurter à Marco Polo en pleine rue et de penser, tout en s'éloignant après s'être poliment excusé, que c'était certainement lui, sans que quoi que ce soit, dans l'isolat, vienne rappeler deux petits détails d'importance : que fait là le Vénitien ? N'est-il pas mort voilà six siècles ?

Kandahar a beaucoup souffert de la guerre. Dans les rues, les bazars, pas d'occupation militaire, mais une présence discrète. Le véhicule de prédilection du taliban est le pick-up 4 x 4 japonais. Les premiers ont été récupérés comme prises de guerre aux infortunés commandants renversés, les suivants offerts, par centaines, par les Saoudiens. Les taliban partent au combat en petites unités mobiles et très rapides sur ces pick-up. De chaque côté de la cabine du tout-terrain, deux tubes creux servent de rangement aux roquettes antichars RPG7. Elles sont plantées en bouquets sans autre forme de protection. Quelques-uns de ces véhicules chargés de grappes de taliban rigolards parcourent les rues. Parfois l'allure est rapide, la conduite dangereuse.

Devant Herat bazar, trois taliban secondent les policiers qui ont repris du service depuis peu. Dans cet autre endroit de la ville, une artère bondée de monde descend sur la partie de Kandahar totalement détruite pendant la guerre contre les Russes. À son extrémité, quatre taliban font acte de présence dans un ancien poste de racket tenu auparavant par les hommes de Gul Agha ou ceux de Mollah Naqib. Éclats de roquettes, sacs de sable. Les taliban ont le crâne rasé, deux armes posées au sol, et n'espèrent pas bouger, inch Allah, d'ici à ce soir.

Ils rassurent, ils intimident aussi. Ils ne doivent pas être plus de trois cents dans tout Kandahar, mais plus aucune bagarre n'éclate dans la rue, ou bien elle s'arrêtera très vite et ne s'en tiendra qu'aux poings. Dès leur arrivée, les taliban ont désarmé tout le monde.

Leur véritable succès n'est pas militaire. Leur irruption soudaine sur la scène afghane n'est pas celle d'une nouvelle faction. Ils ont un objectif national et surtout une autre popularité. En à peine six mois, les hommes de Mollah Omar ont conquis la moitié du pays et arrivent aux portes de Kaboul. Les taliban répondent aux attentes de la population. Traditionalistes, religieux, ils se présentent d'abord en petites délégations de mollahs, sans armes, réclament l'arrêt des combats et l'armement de ceux chez qui ils pénètrent. La population les espère depuis longtemps. Ce seul soutien leur a permis de prendre de nombreux endroits sans tirer un coup de feu. Mais, quand il faut se battre, ils n'hésitent pas. Toute personne de plus de quinze ans sait comment s'y prendre en Afghanistan. Ils attaquent la nuit et utilisent en priorité des armes légères en se glissant jusque sous le nez de l'ennemi. L'important est d'épargner les civils au maximum.

Un pick-up est entré dans l'enceinte du palais du gouverneur. Je me fraie tant bien que mal un passage parmi l'attroupement de taliban jusqu'à la benne. On me laisse passer. Une main sur le rebord du véhicule, je pousse un taliban, me hisse sur la pointe des pieds. Des cadavres ! Des taliban morts au combat. Les couvertures ont été tirées pour rendre visibles leurs visages de cire. Émotion. On ramène les corps à leurs familles, dans la province voisine du Helmand. Depuis Maydan Shahr, ça fait un sacré chemin. On les a descendus de là-haut par hélicoptère. Je m'éloigne avec autant de difficulté que j'avais eu à m'approcher. Je ne sais pas quelle figure adopter devant ces dizaines de moines-soldats contemplant les dépouilles de leurs coreligionnaires. Je regarde le sol.

À l'intérieur du palais, je rencontre un grand Pachtoun d'une vingtaine d'années. Malgré son jeune âge, c'est un commandant taliban. Il revient du front de

Maydan Shahr. Puissance noire du regard. Il me serre la main, il me dépasse d'une bonne tête. Il vient juste de faire son rapport à Mollah Omar et raconte d'autres détails des combats de ces derniers jours à plusieurs autres mollahs, dont certains font partie de la Shura, l'organe suprême de commandement des taliban, autour de Mollah Omar.

Zikrié m'accompagne maintenant. Il est revenu des États-Unis voilà quelques mois et se trouve être le seul Kandahari parlant anglais que les hommes de Wakil Ahmad Motawakel aient déniché. Salahuddin est reparti, Zikrié joue l'interprète en bougonnant un peu. Nous devons attendre à nouveau. Je souhaite voir Mollah Hassan, numéro deux du mouvement taliban. C'est lui qui répond aux interviews, Mollah Omar n'en donne aucune. En aparté, Zikrié me dit qu'aujourd'hui Mollah Omar est très nerveux. Il n'écoute pas les gens qui viennent le voir.

— Du temps des Russes, le gouverneur parlait le français, le russe également. Cet endroit était propre. Je ne veux qu'une chose maintenant, c'est retourner aux États-Unis. Regarde, ils dorment tous ici. Crois-tu qu'on dormait dans le palais du gouverneur avant ?

Depuis plusieurs jours, Zikrié me tient ce double discours. Il me vante la sécurité, l'ordre revenu, la paix mais...

— Dire qu'il faut se taper des mollahs pour ça ! Tu as vu, tout est sale, tout est abandonné. J'en connais certains de leurs mollahs, ils rampaient pendant le djihad et maintenant regarde comme ils sont fiers !

Nous découvrons Mollah Hassan à l'extérieur. Est-ce le ramadan ? Tous les mollahs taliban ont le teint sec et les joues creuses. La quarantaine peu souriante, le mollah Hassan. Il nous annonce d'emblée qu'il a très peu de temps. Nous le suivons dans une des pièces donnant sur la terrasse du palais. L'homme prend place sur un canapé défoncé, sous une grande carte du pays qu'ils vont rebaptiser, dans un peu plus d'un an, Émirat islamique d'Afghanistan.

— Notre intention est de faire appliquer la loi islamique en Afghanistan. Il n'y a rien d'autre, et ceux qui n'en veulent pas seront combattus.

Mollah Mohammad Hassan n'aime pas que je lui pose des questions précises, il m'explique et je dois écouter. Le discours est simple, logique, mais guère original.

— Nous espérons en Allah ; Allah est avec nous, nous n'avons peur de personne. Qu'il soit puissant ou non. Regardez Gulbuddin Hekmatyar et tout son pouvoir, ça nous a pris une semaine...

— Qu'est-ce qui a motivé votre soulèvement ?

— La vue de tous ces groupes de moudjahidin en train de détruire le pays. Tuer des gens, bombarder les villages, voler... La situation était vraiment mauvaise en Afghanistan, alors Mollah Mohammad Omar a réuni ses amis et leur a dit : Nous allons commencer à nous battre contre ces moudjahidin.

À une des extrémités du palais du gouverneur, une petite porte donne accès au bâtiment où siège un autre membre de la Shura taliban, un homme craint, Mollah Pasanaï. Plus âgé que la plupart des autres mollahs taliban, il est responsable de la Haute Cour de justice. C'est l'homme qui fait appliquer cette fameuse loi islamique, la charia. On parle encore, dans Kandahar, de l'exécution capitale, en public, de l'assassin de deux enfants par la mère des victimes. Plusieurs centaines de personnes y assistaient. Elle eut lieu quelques semaines auparavant et Zikrié l'évoque avec emphase.

— Cette mère, grâce aux taliban, a pu venger ses enfants.

Le régime, par la voix de Pasanaï, interdit aux femmes de sortir de chez elles non accompagnées. Pourtant, elles déambulent encore en nombre dans les bazars. Il oblige les hommes à porter la barbe. Mon traducteur, Zikrié, met un point d'honneur à se raser tous les matins. Un jour que nous étions au palais du gouverneur, dans le jardin, Mollah Pasanaï est sorti en compagnie d'autres mollahs taliban afin d'offrir leurs prières. Zikrié s'est précipité.

— Je n'ai pas peur, rasé, d'aller prier avec eux !

Une fois la prière achevée, Zikrié est revenu vers moi, un léger voile de crainte sur le visage.

« Ne suis-je pas allé un peu trop loin ? » semble-t-il se dire.

Mal à l'aise, il m'avoue que Pasanaï, le regard mauvais, lui a fait une remarque sur ses joues de bébé. Pour la première fois sans doute, Zikrié s'aperçoit que ces taliban ne plaisantent pas sur cette bien stupide question de poils. Le rasoir va progressivement disparaître du quotidien.

La barbe, ce n'est rien au regard de la paix civile, mais deux questions hantent les esprits des Kandaharis : Que feront les taliban dans six mois ? Qui est derrière eux ? L'analyse est devenue l'occupation principale des nuits de ramadan à Kandahar. Les esprits se perdent en conjectures. Tempêtes fumeuses sous les turbans.

L'image d'un mouvement purement national, dégagé de toute influence extérieure, que veulent donner d'eux-mêmes les taliban est une garantie de popularité dans un pays où la CIA, l'ISI, les Saoudiens et autres acteurs étrangers, après le départ des Russes, ont continué d'alimenter la guerre des factions. Ces puissances étrangères sont vues par les Afghans comme les responsables de la destruction totale du pays. Peut-on croire alors que seul un profond sentiment de ras-le-bol ait subitement fait se fédérer tous ces étudiants religieux disséminés entre Pakistan et Afghanistan ? L'évolution du mouvement taliban permettra d'éclairer les rapports de l'ISI pakistanaise avec l'Afghanistan, mais aussi de la CIA et des autres voisins. Pour les taliban, admettre une ingérence extérieure, c'est perdre un capital de sympathie énorme qui est garant, pour partie, de leur succès. Et puis ne considèrent-ils pas aussi, et avec une certaine raison, qu'ils ne doivent rien d'essentiel à qui que ce soit, malgré les avantages qu'ils représentent pour le Pakistan ?

Mais, pour l'heure, à Kaboul où Hekmatyar, le Wahdat et Massoud se partagent encore la ville, les motivations des étudiants religieux restent un mystère, même si des théories crédibles s'élaborent au milieu d'une propagande grossière qui prend sans mal.

Dans ce mouvement qui gagne de l'ampleur, Mollah Omar et la Shura sont soutenus par de riches commandants moudjahidin, à l'instar d'Haji Bacher, un commandant de Spin Buldak. Ce poste frontière avec le Pakistan fut l'une des premières conquêtes taliban à l'été 1994. Haji Bacher leur avait fourni armes et argent. Le mouvement avance, s'appuyant sur le plus fort pour faire taire les plus faibles. Chemin faisant, en même temps que leurs rangs grossissent, les taliban mettent la main sur les trésors de guerre de tous les chefs locaux. Argent, armes, voitures. De plus en plus de responsables moudjahidin jugent plus sage de se ranger avec armes, argent et bagages sous les ordres des taliban plutôt que d'être leurs ennemis.

Ainsi, un des hommes forts de Kandahar, Mollah Naqib, a pensé se préserver une zone d'influence en achetant les taliban. Il leur a versé près de un million de dollars et leur a apporté un soutien logistique. Quand les taliban se sont emparés de la ville, il a été dépossédé, comme les autres, et désarmé. Les relations de dignitaires afghans comme Mollah Naqib avec les taliban illustrent parfaitement la façon dont il faut comprendre les revirements dans le *who's who* du Sud afghan. En 1995, Mollah Naqib semble mal vivre sa perte d'autorité au profit des jeunes étudiants religieux. Mais, à l'automne 1996, il est suffisamment intégré au mouvement taliban pour que Mollah Omar lui demande d'envoyer des hommes à lui sur le front du Badghis, aux côtés des troupes taliban régulières. Mollah Naqib rechigne un peu. Enfin, à l'hiver 2001, ce bon Mollah Naqib négociera la reddition des taliban de Kandahar pour le compte d'Hamid Karzaï, alors tout nouveau dirigeant intérimaire de l'Afghanistan.

Mollah Naqib est-il ou n'est-il pas taliban ? Quelqu'un a bien dû se poser la question. Elle est d'importance. Non que Mollah Naqib soit essentiel, mais ils sont des centaines dans son cas. Taliban un jour, et plus le lendemain. La réponse est afghane : Mollah Naqib est taliban quand c'est nécessaire, et ne l'est plus quand la menace américaine se répand sur le désert afghan.

Mais en quoi les taliban sont-ils différents des Afghans que j'ai côtoyés en 1988 ?

Le Commandeur des croyants

Kandahar, février 1995. Depuis trois jours, j'essaie de monter sur le front situé au sud de Kaboul. Trois jours à attendre un hélicoptère qui ne vient pas, en compagnie de Zikrié. Un après-midi, alors que je suis assis sur la pelouse devant le palais du gouverneur, les jeunes taliban avec qui je devise soudain se relèvent.

— Mollah Mohammad Omar ! Regarde, c'est lui !

Un attroupement s'est formé à une cinquantaine de mètres. Au centre, un homme de haute taille. Il est nerveux. Grand, maigre, un large turban blanc sur la tête et un châle sur les épaules, il arpente le perron du palais. Il n'a qu'un œil, bleu-gris, mais qui scrute, perce mieux que deux. L'œil perdu, que l'histoire attribue à un éclat de roquette durant la guerre contre les Russes, est oublié quand ce regard, fine ligne brillante derrière des paupières fatiguées, se pose sur quiconque l'observe. Une honorable barbe noire assoit la prestance du personnage au visage fin. Il a à peine trente ans, la peau de son visage est déjà tannée, avec ce relief que donne la rudesse du désert, du froid, du soleil et du vent de cette partie d'Orient.

Autour de lui, vingt, trente personnes tentent un mot, espèrent un regard, un instant d'attention. Ses mains rencontrent les leurs, certains les embrassent. Ils mourraient tous dix fois pour lui. Son nom, Mollah Mohammad Omar Akhunzada, est prononcé avec respect. Mollah Omar est le leader suprême des taliban. Il est élancé et ses mouvements sont très lents. En me rapprochant, je suis immédiatement frappé par l'énergie, le charisme du personnage. Un charisme qui le distingue vraiment des hommes alentour. Il est différent des autres. Et puis il y a cette orbite vide, l'œil mort. Blessure de guerre. Mollah Hassan paraît tout petit à sa droite. J'arrive devant lui et lui tends la main.

— *As Salam Alaykum...*

Je poursuis en anglais, en espérant que quelqu'un traduise à son intention. Ma main est tendue. Il me regarde, puis tourne la tête vers Mollah Hassan tout en avançant mollement sa main dans la mienne. Sa poigne est furtive, retenue. Trois mots d'une voix douce, presque inaudibles, semblent demander à Mollah Hassan : « C'est quoi, ça ? »

Je demande une interview, puis je lève mon Nikon en prenant l'air le plus naturel possible.

— Je peux faire une photo ?

Je suis à quatre-vingts centimètres de Mollah Omar. Instantanément, alors qu'il fait non de la tête, deux taliban s'interposent très courtoisement.

— Mais non, voyons, vous savez bien que les photos sont interdites !

Je n'ai pas appuyé sur le déclencheur de mon appareil trop bruyant. Erreur fatale. Plus jamais aucun autre Occidental avec un appareil photo ne pourra approcher Mollah Omar au pouvoir, comme je l'ai fait à l'époque.

Mollah Omar m'est apparu comme victime de ce que je baptiserais le *syndrome d'Ignace de Loyola.* En souvenir des débuts spirituels du fondateur de l'ordre des Jésuites, qui connut la souffrance des blessures infligées par la guerre comme moyen d'accès à Dieu. Loyola se fit raccourcir la jambe et Omar fut blessé trois fois. Tous deux se virent investis d'une mission divine. La souffrance comme acte de naissance d'un ordre d'hommes purs. Mais la comparaison s'arrête là !

Mollah Mohammad Omar Akhunzada est né en 1963 dans le petit village de Singésar, district de Kandahar. Il a trente et un ans quand il arrive dans la ville de Kandahar à la tête de deux mille cinq cents hommes. Sa fragile légitimité religieuse de mollah, ainsi que celle de ses compagnons, suffit à faire trembler les potentats locaux. Ce n'est pas en soldats qu'ils avancent mais en représentants de l'ordre moral. Le Prophète lui est apparu en rêve, lui ordonnant de ramener la paix à son peuple. Durant ces premiers mois, Mollah Omar et ses hommes font mine de s'appuyer sur l'organisation tribale et clanique du Sud pachtoun et, à ce titre, utilisent les réseaux de pouvoirs existants. Rien de révolutionnaire. Mais, paradoxalement, ils utilisent leur seule légitimité : la demande populaire. Pour consolider ce pouvoir unificateur éphémère en dépassant leurs prérogatives de simples mollahs, ils ne peuvent se prévaloir que de leur probité. En effet, aucun ne vient d'une grande famille, aucun n'est un chef religieux reconnu. Les mollahs du mouvement taliban se présentent comme force de transition. Une fois la guerre terminée, ils ne seront plus forcément nécessaires.

L'explication de l'origine du mouvement taliban est à chercher dans les années qui suivent le départ officiel du dernier soldat soviétique en février 1989. En avril 1992, Massoud réussit à prendre de vitesse Gulbuddin Hekmatyar, le puissant chef du Hezb-e-Islami, un des plus importants de la résistance, en pénétrant le premier dans Kaboul. La capitale, symbole du pouvoir, tombe enfin. Libérer Kaboul est devenu l'idée fixe des résistants. Les gouvernements successifs, issus de la résistance, vont reproduire exactement la mécanique du pouvoir soviétique. Qui tient Kaboul croit tenir l'Afghanistan. Et pourtant ni Massoud ni Hekmatyar n'auront de destin véritablement national.

Pendant que les anciens résistants entreprennent de se déchirer pour la possession de Kaboul, le reste du pays se distancie une nouvelle fois du destin de sa capitale. Officiellement, les anciens résistants se partagent provinces et régions, mais, localement, les commandants sont de plus en plus indépendants. L'autonomie grandit.

L'État islamique rêvé depuis Peshawar durant l'occupation soviétique n'existe que sur le papier. Nombreux sont les Afghans de tous bords à se souvenir avec amertume de ces sempiternelles et abominables batailles. Pour Kaboul, pour tel quartier, pour tel ministère, telle vallée. Le pays a tant souffert !

L'Afghanistan de l'après-djihad s'est retrouvé pris entre la réalité d'une diversité non seulement ethnique, mais également politique. Les clivages entretenus durant les neuf ans d'occupation soviétique se sont exacerbés. Les batailles de Kaboul entre moudjahidin vont détruire une bonne partie de la ville et provoquer des dizaines de milliers de morts entre 1992 et 1995.

Pendant ces guerres de Kaboul, le reste du pays oscille entre anarchie et reconstruction du pouvoir traditionnel. L'anarchie prévaut le plus souvent, mais des provinces comme celles du Nangarhar à l'est ou d'Herat, par exemple, se stabilisent de façon autonome, sous l'autorité d'un seigneur de la guerre.

L'occupation soviétique a poussé à l'exil des millions d'Afghans, hommes, femmes et enfants disséminés entre Pakistan et Iran. Après 1992, à la chute du régime communiste afghan et dans les années qui suivent, une large proportion n'est pas rentrée. Cc fut un premier avertissement ignoré, un *signal* envoyé à ces héros qui avaient chassé l'Armée rouge d'Afghanistan : les moudjahidin. L'année suivante, la frustration grandit chaque mois tandis que les roquettes de Massoud, Hekmatyar et les autres entament la lente destruction de Kaboul. Ces millions d'Afghans, leurs enfants plus encore, se sentent profondément trahis par ces résistants qui s'entre-tuent, alors que leur devoir était de permettre aux exilés de revenir sur leur terre, en paix. Personne, ou presque, ne va voir dans cette population de l'exil apparaître une force cohérente. La réponse de l'âme afghane à la tristesse de l'attente bafouée. Loin de la capitale, l'Afghanistan va se tourner vers le seul détenteur traditionnel de l'autorité non encore discrédité : le mollah. Et ce, dans le cœur historique de l'Afghanistan, le Sud pachtoun.

Le mouvement taliban n'est pas un parti, il est hors

du domaine du politique. Ce fut sa force, c'est devenu un cruel handicap. Entre l'automne 1994 et mars 1995, les taliban vont occuper l'espace d'influence de celui qui, justement, avait politisé, théorisé à la fois l'islam traditionnel afghan et son appartenance ethnique : Gulbuddin Hekmatyar. Lui et son appareil s'effondrent totalement, et, avec une poignée de très proches, il quitte physiquement la scène afghane. La grande majorité de ses hommes, de ses commandants, abandonne l'islamiste et se fond naturellement dans le mouvement taliban.

Le processus se reproduira à l'inverse en 2001 quand, sous les bombes et la formidable pression américaine, l'appellation *taliban* deviendra intenable. La plupart des hommes autour de Mollah Omar vont simplement cesser de s'appeler taliban. Amnistie. Et ce qui est typiquement afghan, leurs anciens ennemis cesseront également de les voir comme taliban.

Gulbuddin Hekmatyar est l'homme qui reçut des Pakistanais et des Américains, durant l'occupation soviétique de l'Afghanistan, la plus forte aide en armes et en argent. Ses liens politico-religieux avec le Pakistan, qui ont toujours été très forts, expliquent en partie sa brutale défaite.

Le Pakistan a une influence considérable sur l'Afghanistan. De 1979 à 1988, sous la poigne de Zia ul-Haq, le Pakistan constitua la base arrière des moudjahidin afghans ou « soldats de la liberté », pour reprendre l'expression très romantique de Ronald Reagan. L'Afghanistan est devenu pour ainsi dire un sujet de politique intérieure du Pakistan, au même titre, mais dans un autre registre, que le Cachemire.

À l'été 1994, avant la naissance du mouvement taliban, Benazir Bhutto est à la tête du Pakistan. Elle gouverne notamment avec l'aide du parti religieux Jamiat-e-Ulema-e-Islam (de Fazlur Rahman) qui a la haute main sur ces centaines de madrasas égrainées le long de la frontière afghane. Ces écoles coraniques où sont formés nombre de taliban.

Homme clé du clan Bhutto pour avoir été proche collaborateur de Zulficar Ali Bhutto, le père de Benazir, Naseerullah Babar, ancien gouverneur et général en retraite, est ministre de l'Intérieur en 1994. L'homme peut s'appuyer sur de solides réseaux dans l'armée et surtout à l'ISI.

À l'été 1994, Naseerullah Babar monte l'idée abracadabrante de faire partir un convoi humanitaro-diplomatique vers le Turkménistan, au départ de Quetta. L'Afghanistan qu'il se propose de traverser est alors un véritable coupe-gorge. Bien évidemment, malgré les assurances prises par les hommes de Naseerullah Babar à l'ISI, auprès de Gul Agha, de Mollah Naqib et des autres chefs tout au long de la route, le convoi est lamentablement pris en otage par ces sous-commandants avides avant même d'avoir fait cent kilomètres. Mollah Omar et ses hommes libèrent le convoi. Les camions poursuivent jusqu'en Asie centrale, les taliban font parler d'eux pour la première fois ! Naseerullah Babar les considère désormais plus que sérieusement. La *machine* est lancée. Le rêve de Mollah Omar devient réalité.

Les taliban cultivent le secret de manière quasi paranoïaque. Peut-être parce que les mollahs taliban ne sont pas tous des... mollahs. Certains sont même d'anciens officiers communistes. La plupart des commandants taliban qui conduisent les offensives sur Kaboul ont un faux nom. Il est difficile de savoir s'il s'agit de ralliements individuels motivés par des attaches tribales, par simple opportunisme comme cela s'est passé dans d'autres partis de la résistance, ou si leur présence est coordonnée et destinée à jouer un rôle futur.

Le mouvement taliban apparaît comme la fédération d'un certain nombre d'Afghans de tous bords qui ont pour seul point commun de n'être pas marqués par la période de guerre civile qui fit suite à l'occupation soviétique. Il s'agit de mollahs, d'anciens résistants et de membres de l'ancien régime communiste, tous drapés du manteau de l'islam traditionaliste, seule légitimité encore intacte et capable d'avoir l'estime de la majorité du pays. L'idée est excellente, car l'adhésion populaire est totale... jusqu'à la prise de Kaboul.

Avec les années, les mollahs vont se resserrer sur eux-mêmes, éliminer leurs premiers partenaires. Ces partenaires étaient-ils ceux qui devaient prendre en main le pays après avoir été légitimement installés par les mollahs ? Quel rôle, par exemple, le roi Zaher Chah était-il destiné à jouer à l'origine du mouvement taliban ? Un jour, sans doute, l'Histoire livrera ses secrets qui dévoileront les périodes noires de l'Afghanistan. Cela n'intéressera personne, en dehors de quelques Afghans et de trois chercheurs ennuyeux. Et des milliers d'hommes seront morts pour cela.

Pour ce qui est de la mainmise pakistanaise en Afghanistan, on la croit implacable et diaboliquement géniale, alors qu'elle n'est faite que d'errements, d'imprécisions et d'erreurs. Les taliban restent des Afghans qui travaillent pour leur pays, à la restauration de la paix et de la stabilité en Afghanistan. Mollah Omar n'a que faire de la politique intérieure du Pakistan. Il n'a que faire de ces wahhabites qui l'honorent, de ce Ben Laden qu'il ne connaît même pas.

Les mollahs à Kaboul

Vraiment, ils sont intrigants, ces taliban ! Les voilà qui prennent Kaboul, après un an et demi de siège. Je veux comprendre, je veux découvrir ce qui motive ces mollahs d'un autre âge. Et, à travers eux, c'est également mon propre monde sur lequel j'aimerais porter la lumière. Mon monde de passion et de combats universels.

Après cette première rencontre avec les taliban, en février 1995, je reviens fréquemment en Afghanistan. Je retourne à Kandahar, je vis un peu à Djalalabad. Je visite des villes et des hameaux, des bazars brûlants et des champs dans les collines. Je parle à des mollahs, à des paysans et à des enfants. Je respire cette terre. Des amitiés se nouent. Et, par moments, la terre afghane offre de merveilleuses petites perles de bonheur. Un matin, dans une vallée de l'est du pays, surpris par un violent orage de grêle, je me réfugie sous un grand mûrier. Un paysan s'y est déjà mis à l'abri. Voyant l'étranger que je suis, il raconte qu'en creusant sous son étable pour faire quelques travaux il a découvert « des pierres ». Devant ma curiosité, il file sous la grêle et revient bien vite, trempé, tenant à la main un bout de tissu sale. En ouvrant les plis du linge, j'aperçois le visage familier d'un petit bouddha vieux de deux mille ans. En Afghanistan, les cultivateurs d'opium trouvent des bas-reliefs du Gandhara sous leurs étables.

C'était non loin de Djalalabad. J'aime cette région de l'Afghanistan frontalière du Pakistan, cette région pachtoun de tribus et de clans, de montagnes et de vallées imprenables. Djalalabad est sur la route de Kaboul, quand on arrive de la passe de Khyber. En ce jour d'automne, me dirigeant vers la capitale en voiture, je m'y arrête pour la nuit. Il est important de ne pas voyager trop vite en Afghanistan. Sinon, on prend le risque de voir le rêve s'égarer en chemin.

Les taliban ont pris Kaboul sans combattre. Ils encerclaient la ville depuis dix-huit mois. Massoud tenait bon, mais la défense de l'entrée est de l'agglomération était aux mains d'Hekmatyar, qui a cédé le 25 septembre 1996. Devant la perspective de combats meurtriers dans la ville même, Massoud et ses hommes décidèrent d'abandonner le terrain. Au petit matin du 26, les premières colonnes de moines-soldats pénètrent dans une ville morte. Le cadavre de l'ancien dictateur communiste Nadjibullah pend à un kiosque d'une place du centre.

Kaboul est déserte. Seuls le silence et la poussière balaient les rues vides. La population se terre.

Kaboul a retrouvé toute son animation quand j'y reviens le 23 octobre 1996. Les taliban y sont entrés voilà trois semaines ; l'armée de paysans ébahis a débarqué à Sodome pour y rétablir la morale. Pleins d'assurance, de morgue et de superbe, le menton velu porté haut et les chevilles à l'air, par groupes, les taliban s'abattent sur le démon. Ces ignorants poussiéreux et armés viennent dire le bien dans la cité des mécréants.

Dans cette ville du vice, il y a des rues en sens unique ! Que signifie donc ce rond rouge avec une barre blanche ? Dans leurs puissantes Toyota, les soldats de Dieu sillonnent les rues de la capitale pied au plancher, roulent n'importe comment et surgissent à contresens dans des avenues encombrées. Ils donnent alors avec fureur de grands coups de volant à droite ou à gauche sans qu'aucun des véhicules surpris dans le bon sens ose faire d'appel de phare. Accidents, esclandres, les combattants de Dieu ne peuvent être en tort. Il va falloir un ordre de la plus haute direction du mouvement pour que cessent ces rodéos.

Kaboul semble en apparence s'habituer aux taliban. Les jeunes soldats de Dieu traquent les manquements aux règles à coups de trique. Les femmes non recouvertes de la burqa, les jeunes imberbes, les hommes non enturbannés en font les frais. Devant les mosquées, les soldats conduisent les traînards à la prière, avec un zèle louche dont je me demande vite s'il est destiné à Allah ou aux photographes étrangers qui guettent précisément ces images. Les taliban sont joueurs. Un quart d'heure avant que ne débarque un groupe de photographes, un vendredi, alors que je sirote un thé devant la grande mosquée de Pul-e-Khishti, les taliban sont au repos. Ils ne se mettent au travail, badins, qu'à l'arrivée de la presse.

Pour le monde entier, l'horreur absolue vient de s'abattre sur l'Afghanistan. Certains vont jusqu'à comparer l'entrée de la milice religieuse dans Kaboul à celle des Khmers rouges dans la capitale cambodgienne. C'est exagéré. Les Khmers rouges ont anéanti un tiers du peuple cambodgien en quatre années.

Mais voilà, la formule « tape » bien.

Je suis à Kaboul, alors que l'Afghanistan est au cœur de l'actualité mondiale, pour une semaine encore. Beaucoup de journalistes, de télés sont présents, et je m'aperçois bien vite que tout le monde sait tout sur tout ! Les taliban sont des clients en or. Chaque jour ou presque, le ministre de l'Information donne une conférence de presse à hurler de rire. Il pénètre dans le couloir où sont installés les journalistes, s'assoit en tailleur dans un fauteuil baroque et déclame des âneries sur un ton monocorde en se grattant le turban. Les amis de Mollah Omar sont très forts pour se rendre ridicules. Pourtant, l'Afghanistan vit des heures graves. Ces taliban ne représentent-ils pas une des moins pires solutions de paix ? Personne ne semble vouloir se poser la question.

L'Afghanistan est un pays de tradition orale. Chez un peuple qui parle interminablement dans les maisons de thé pour relater son histoire, le décryptage est essentiel. Car les mots révèlent certaines choses, les mensonges sont parfois vrais et les silences toujours éloquents. Et nous sommes en Orient.

Comme certaines règles taliban sont invraisemblables, toute rumeur absurde *peut* être avérée. Ainsi, les rumeurs les plus idiotes sont publiées dans la presse. C'est comme si l'on avait le droit de raconter n'importe quoi, l'inverse de ce que l'on a dit la veille.

Peu importe, du moment que quelque chose est diffusé, imprimé... consommé.

Je n'y prêtais pas trop d'importance jusqu'alors, mais il me semble que c'est cet automne 1996 qu'un pas a été franchi dans la manière dont notre univers perçoit l'Afghanistan et en particulier le régime des taliban. Avant, on s'en moquait. Après leur prise de Kaboul, ils sont devenus l'incarnation du mal, son symbole, indépendamment de ce qui peut advenir en réalité. Inutile d'aller en Afghanistan pour dénoncer l'horreur. L'Histoire harmonisera un jour les points de vue pour ceux que ça intéressera encore, mais je n'ai rencontré personne – à Kaboul, Djalalabad, Kandahar, Ghazni, Peshawar, Islamabad... bref dans la région – travaillant en Afghanistan qui ait du respect pour la façon dont les journalistes rendent compte du pays des taliban. Ces humanitaires, ces diplomates, ces vieux passionnés, unanimes, s'accordent à trouver le traitement des médias sur l'Afghanistan parfaitement partial, grossièrement simpliste et dangereux. À l'exception heureusement de quelques titres. Pourtant, avant d'être le sujet exotique d'un passionnant débat boulevard Saint-Germain, il s'agit de l'avenir d'un peuple.

— Les taliban n'apportent pas la liberté, mais l'ordre !

Khaled est exaspéré. À côtoyer des journalistes de passage à Kaboul, il se demande s'ils font exprès de ne rien vouloir saisir de la nature profonde de son pays. Khaled Majrouh parle un français parfait, il a vécu sept années en France. Il est l'un des fils du célèbre poète afghan assassiné à Peshawar en février

1988, Saïd Bahodine Majrouh. Khaled, qu'un exil tranquille attendait, a fait ce choix de rester chez lui, en Afghanistan. Mais a-t-il vraiment eu le choix ? Au-delà de notre amitié, c'est un homme admirable qui regarde son pays se détruire. Chagrin infini du patriote. Je le retrouve à Kaboul, il a encore le cœur et la patience de raconter l'Afghanistan, en phrases saccadées, précises.

— Mais que signifie la notion de liberté en Afghanistan ? La liberté individuelle ? C'est une notion étrangère ici ! L'islam se vit collectivement. Par exemple, pourquoi vouloir pratiquer seul, prier chez soi, alors qu'à la mosquée la prière collective est justement un fondement de l'islam ? C'est dans la société occidentale qu'il y a atomisation. Ici, en Afghanistan, le pays, la vie, la religion... tout est vécu de façon collective. Alors il faut revoir l'idée de liberté, que vous comprenez selon l'acception occidentale, à travers le filtre afghan. Ici, l'individu ne représente pas ce qu'il représente chez vous.

Khaled approche de la quarantaine et, pour lui, la douleur de l'exil est plus blessante que les incertitudes de sa vie à Kaboul. Avant la prise de la ville par les taliban, Khaled portait une courte barbe taillée avec soin. Elle est aujourd'hui laissée à l'abandon, dense, longue, chahutée ; c'est celle que les taliban veulent. Pour tous les hommes. Khaled est triste, mais il veut croire qu'enfin le pays a une chance de repartir. Il sait trop pourquoi les taliban sont apparus. Simplement, à l'aide d'un peu d'histoire et de bon sens. Comprendre n'est pas approuver. Accepter n'est pas se résigner. Bien que reconnaissant leur légitimité, il est secrètement effondré que l'Afghanistan ait besoin d'eux pour mettre un terme à l'anarchie.

Il est tard, nous sommes dans un quartier relativement épargné de Kaboul. Dans la véranda encombrée de plantes, assis sur des canapés de rotin, nous buvons du thé. Verres, cendriers pleins, journaux recouvrent la table basse. Un échiquier est figé sur une partie en cours. La nuit est paisible, fraîche, le grand jardin muet. Khaled me raconte son pays.

— C'est cyclique ce qui se passe. C'est la deuxième fois que les tribus pachtoun du Sud viennent prendre le pouvoir à Kaboul. La première, c'était en 1747 avec Ahmad Chah Durrani.

— Mais pourquoi en arrive-t-on là aujourd'hui ?

— Parce que toutes les grandes figures de la résistance n'ont plus le soutien de la population. La fin de la guerre contre les Russes devait être le début d'une ère de paix ; mais, à l'inverse, la résistance s'est emprisonnée dans une spirale de pouvoir. Chacun a voulu diriger Kaboul, pensant que tenir la capitale signifiait contrôler le pays. Kaboul a été détruite après la guerre contre les communistes. C'est la résistance qui a ensanglanté le pays. Le plus stupide est qu'ils se sont battus pour une ville qui ne représente pas l'Afghanistan.

— Comment cela ?

— Du temps du roi, l'État afghan, au sens occidental du terme, n'existait pas. Les Russes ont imposé cette idée de centralisation et, en réaction, les chefs de la résistance l'ont progressivement adoptée. Kaboul est devenue la clé politique du pays. Ça ne correspond pas à ce que pense la population. Pour elle, Kaboul est la capitale, mais, paradoxalement, ce qui s'y passe, ce qui s'y décide n'a pas d'incidence sur le quotidien des campagnes. Hekmatyar, Massoud et les autres se sont déchirés pour le contrôle de la ville. Pendant ce temps, le pays poursuivait son évolution anarchique. Sans que quiconque s'en aperçoive, dans le Sud chaotique, une force nouvelle est apparue pour reprendre les choses en main, rétablir l'ordre, ce que personne n'était à même de faire à Kaboul.

— Quel est le poids de l'appartenance ethnique ?

— Quelle que soit son origine, chaque habitant de ce pays se considère comme afghan avant tout. Trois grandes composantes font l'Afghanistan : les chiites Hazaras, les Tadjiks afghans et les Pachtouns afghans. Il y a d'autres ethnies, mais ce sont ces trois-là qui constituent l'Afghanistan actuel. Elles sont enchevêtrées de telle sorte qu'aucune velléité séparatiste ne menace l'Afghanistan. Il n'y a pas d'État nation, mais il y a une conscience, disons embryonnaire, d'appartenance à un même territoire. Un attachement irrationnel. L'Afghanistan en tant qu'entité ressemble à un corps auquel il manque la tête. L'Afghanistan est politiquement acéphale. Contrairement à d'autres pays qui se sont aussi battus contre des occupants, où la guerre a été rude, où elle a fait des millions de morts, ici nous n'avons pas vu émerger une couche politique capable de dominer la situation. Qui peuvent être les dirigeants de l'Afghanistan post-occupation ? Il n'y en a jamais eu. Il n'y a plus d'élite. Ceux qui la composaient sont partis en exil ou sont morts. Il n'y a pas eu de relève.

— Oui, et puis la guerre n'a pas facilité l'accès à l'éducation. Et maintenant les taliban...

— Attends, je vais te dire une chose. À partir des

années 40 et 50, on a commencé à mettre en place dans les grandes villes un système éducatif du type occidental : école primaire, secondaire, puis université. Jusqu'en 1978, le pays ne comptait que deux grandes villes, Djalalabad et Kaboul. Herat et Kandahar n'étaient rien. On allait à Kaboul pour devenir fonctionnaire. Pour des gens de ma génération ou celle de mon père, c'était quelque chose... d'humiliant. Un fonctionnaire est quelqu'un qui n'a pas de racines. Coupé de sa campagne, il est obligé d'aller à l'école, de passer des concours réglementés par l'État, il devient fonctionnaire à Kaboul... et c'est fini, c'est un paria. Pour les gens bien, il fallait avoir de la terre, des chevaux, une influence dans la vallée. Ça, c'était une promotion sociale. D'où le refus de beaucoup de paysans d'envoyer leurs enfants à l'école parce qu'ils n'y voyaient aucune utilité. Notre système éducatif fut très longtemps fondé sur l'école coranique. Les enfants dans les villages allaient à la mosquée. Là, le mollah leur enseignait les rudiments de l'islam, les textes du Coran, quelques notions de calcul. Cela entre quatre et huit ou neuf ans ; après, on travaillait dans les champs. Résultat...

Khaled se tait subitement. Comme moi, il entend le bruit assourdi d'un avion. Depuis hier, des appareils de Dostom, un allié de Massoud contre les taliban, viennent bombarder Kaboul durant la nuit.

— ... Il est loin ! Oui ! Donc, résultat, il y a eu une génération de gens compétents, juristes, médecins, issus de ce système éducatif des villes, mais on a occulté à l'époque le problème d'acculturation. On... on avait de...

Le bruit de l'avion grandit.

— ... On avait de bons cadres, des gens formés... Quand ils allaient dans la campagne, ils étaient complètement étrangers et...

— Ohhhhhhh !...

Nous bondissons de nos canapés. L'avion descend en piqué ! Sur nous ! Khaled est parti à droite ; moi, je m'affale dans le couloir central quand la déflagration secoue la maison. Quelques carreaux de vitre tombent dans la véranda. Explosion assourdissante. Puis on entend la DCA taliban qui se réveille. À quatre pattes, à l'abri des larges murs du couloir, je m'inquiète immédiatement de Khaled. Il a pu sortir de la véranda.

— Quel boucan ! Il a du culot ce pilote !

Khaled est plus coutumier que moi de ce genre de réjouissances.

— C'est pas tombé très près, seules quelques vitres sont cassées.

— Mais ça a fait un bruit terrible !

— Si la bombe avait atterri dans le jardin, il n'y aurait plus de maison...

Nous nous asseyons sur le sol, dans le couloir.

— Qu'est-ce qui se passe, bordel ?

Roger, un humanitaire français, sort de sa chambre en caleçon, les yeux rougis de sommeil. Mauvais rêves ! Nous éclatons de rire.

— Roger, tu ferais peut-être mieux de venir avec nous dans le couloir, s'il leur prenait l'envie de revenir cette nuit.

— Rock and roll !

Il retourne dans sa chambre, attrape son matelas et le tire vers nous.

— Si ça recommence demain, je demanderai à

Médecins du monde de nous accueillir, ils ont une cave.

Roger se calfeutre sous les couvertures. Dix minutes plus tard, il dort. Plus tôt, vers la tombée de la nuit, deux appareils avaient survolé la ville, très haut. Immédiatement, les taliban avaient ouvert le feu, d'une multitude d'endroits. DCA, mitrailleuses... le ciel crépusculaire avait soudain ressemblé à celui de Bagdad, en couleur. Explosions, serpents de métal des traçantes. Une douche de feu montait vers ces deux appareils, ces pilotes aux nerfs solides. Leurs bombes étaient quand même tombées, loin, vers l'aéroport. Mais, à l'instant, l'autre avait piqué sur des zones d'habitation. Dans le quartier alentour, de nombreuses maisons avaient été réquisitionnées par des dignitaires taliban. Le lendemain, je suis allé voir où avait sauté cette bombe. Je n'en revenais pas, à plus de cinq cents mètres de la maison, au milieu d'une place ! Quel boucan ça aurait fait si elle avait explosé plus près de nous ! Cette fois, pas une victime, seules des dizaines de vitres soufflées. Les commerçants balaient, habitués.

Khaled et moi n'avons pas spécialement sommeil. Une fois nos matelas et couvertures installés, nous reprenons la discussion.

— Je ne pense pas qu'ils reviendront cette nuit ! me rassure-t-il.

— J'espère. Dis, les taliban, c'est quand même une régression, non ?

— Je dirais plutôt un retour aux bases. À différentes époques, cela s'est produit. On revient aux racines du pays, pour repartir. Mais il faut que tu comprennes que les Afghans des campagnes – plus de quatre-vingt-dix pour cent de la population – mènent leur vie sans rien demander à l'État. Les guerres de Kaboul n'ont empêché ni la reconstruction des villages ni le retour des réfugiés à partir de 1992. Sauf sur les lignes de front, l'Afghanistan vit comme il a toujours vécu avant la guerre. L'islam est le mode de vie des Afghans. L'application de la charia dans les campagnes afghanes, ça ne veut rien dire. C'est comme si un parti en France revendiquait la République. La charia à la campagne ? La question ne se pose même pas. Les femmes ne sortent pas, il n'y a pas de besoin. Elles n'ont pas de rôle extérieur. Le système est celui du domaine patriarcal, c'est un tout en soit : le mari, la famille, la femme qui en est le ciment. Le discours des taliban a un impact sur les Afghans, il a un sens. Dans l'hypothèse où ils prennent tout l'Afghanistan, on verra s'ils ont la capacité de gouverner, et ça c'est une autre histoire. Quelle va être la structure étatique ? Quel va être le mode de vie des gens ? Là, on entre dans le virtuel. Mais fondamentalement, ce que veulent les taliban, la démilitarisation, la libre circulation, l'application de l'ordre, ça plaît beaucoup aux Afghans.

— D'accord, mais tout de même, on est loin de la démocratie.

— Ça veut dire quoi, la démocratie ? Tu as vu le pays ? Tu as vu à quoi il ressemble après vingt ans de guerre ? Tu écoutes ce que je te dis ? Qu'est-ce que vous voulez ? Que l'Afghanistan fonctionne comme la France d'un coup de baguette magique ? Quand les moudjahidin étaient à Kaboul, ils ne parvenaient même pas à tenir leurs propres hommes, c'était l'anarchie sociale. Je suis désolé pour l'Occident que les Afghans préfèrent l'ordre, la sécurité.

— Mais toi, personnellement, tu trouves normal qu'un jeune taliban vienne te dire comment tu dois porter la barbe ?

— C'est ce que je te disais tout à l'heure. L'acculturation. Évidemment que c'est humiliant ! Ce type ne sait pas écrire mais s'arroge le droit de donner des leçons à un aîné. Eh oui ! Je suis un aîné. Tu as vu mes cheveux blancs ? Regarde ma barbe... Dans la société traditionnelle, c'est un manque de respect que tu ne verras jamais. D'ailleurs, il le fait à Kaboul, mais jamais il ne se le permettra dans un village de campagne. Comment est-ce que tu crois que je le vis ? Hein ? Je suis triste, affligé de voir qu'on en arrive là... mais c'est ce qui devait arriver. Rabbani, Hekmatyar, Massoud et les autres sont responsables, à cause de leurs erreurs, de la naissance et de la popularité des taliban.

— Comment imagines-tu l'avenir maintenant ?

— Je me souviens d'une phrase que mon père m'a dite, en 1987 : « Je pense que les Russes vont partir, mais ils nous ont épuisés, ils nous ont cassés. Avec leur départ, une page se tourne et ce sera une autre génération qui devra affronter d'autres problèmes. Nous, nous faisons partie d'une génération historiquement condamnée. » Ce qui m'a frappé quand je suis revenu à Kaboul en 1992, c'est qu'il n'y avait pratiquement plus personne de mon âge. Il y a un trou dans la pyramide des générations. Ce sont les jeunes qui feront l'Afghanistan, pas moi ni ma génération, malheureusement. Mais ces jeunes ont un énorme problème d'acculturation. Ils n'ont pas d'identité. Ma génération a disparu et la nouvelle n'a aucune formation, ne connaît pas son histoire, ses traditions. Mais pour moi, c'est fini !

Khaled, mon ami... le plus auguste des hommes dans une contrée de barbares, tes compatriotes !

Durant la semaine que je passe à Kaboul, je rencontre des mollahs de plus en plus aigris. Il me semble que les taliban ne sont pas à l'abri d'une baisse de popularité. Je les trouve fragiles malgré les apparences. J'obtiens une lettre de la main du mollah Khairullah, un des membres les plus importants du régime, qui m'autorise à rencontrer Mollah Omar. *Inch Allah !* Mollah Khairullah est un homme intègre au visage doux. Il est classé parmi les durs du régime, mais il a un sourire d'honnête homme. Je suis sans doute le premier journaliste qu'il ait rencontré, deux ans auparavant, au poste frontière de Spin Boldak. Il se souvient de moi. Lui aussi, je le trouve plus triste malgré la prise de Kaboul. Nous parlons un peu, et je sens cette rancœur sourdre en lui, comme chez d'autres mollahs de premier rang. L'Occident, CNN et le monde les décrivent comme des monstres, eux se considèrent comme les protecteurs des valeurs morales de l'Afghanistan, de la charia, de l'islam. Islam au nom duquel le pays entier s'est soulevé contre les Russes, a été soutenu par le monde libre et a gagné. Cette rancœur me fait peur.

Si je veux voir Mollah Omar, il me faut aller à Kandahar. Bien évidemment, je ne verrai pas Mollah Omar à Kandahar. On ne peut plus voir Mollah Omar.

Justice

Je quitte Kaboul alors que de terribles combats se déroulent au nord de la capitale. J'ai pu me rendre sur la ligne de front, dans la plaine de Shamali. J'ai regardé un artilleur taliban tirer ses roquettes sur les hommes de Massoud et je suis redescendu à Kaboul dans mon taxi jaune.

Plutôt que l'interminable route, je vais pouvoir rejoindre Kandahar dans l'avion du Comité international de la Croix-Rouge. L'aéroport de Kaboul n'étant pas considéré comme sûr, la capitale est desservie par le petit aérodrome de Gardez, à trois heures au Sud. Je suis très heureux de revoir le paysage que j'avais parcouru avec les moudjahidin du Harakat... Gardez, la plaine de Zormat. En haut d'un col, devant la casemate du poste taliban qui en commande le passage, j'aperçois une motoneige toute neuve décorée de scoubidous en plastique ! Personne dans la jeep du CICR ne peut fournir d'explication à la présence d'un tel véhicule en un tel lieu.

Le commandant taliban de l'aérodrome de Gardez est un nain. À peine plus haut qu'une roue du Toyota duquel il descend avec sa troupe de bras cassés. Nous attendons sous le soleil, devant une piste de terre qui se confond avec la plaine, l'appareil blanc en provenance de Peshawar. C'est le nain qui voit l'avion le premier, il a l'œil, ce taliban !

Le responsable du fret à Kaboul a fait une erreur. Il n'y a pas de place pour moi dans l'avion. L'avion redécolle. Me voilà seul. Je n'ai plus le choix maintenant : la route. Enfer ! Le nain n'a pas l'air heureux de m'avoir sur le dos. Il me recommande à un homme habitant Ghazni, ville qu'il faut que j'atteigne sur l'axe Kaboul-Kandahar. Cette connaissance me trouvera où dormir, de quoi manger et un bus pour Kandahar demain matin. Enfin, le taliban nain a la gentillesse de me conduire à la station de taxis du bazar de Gardez. Il me souhaite la paix, sa petite main boudinée à plat sur le cœur. Ses hommes rigolent, tels des nigauds qu'ils sont.

Après quatre heures d'une route infernale, voilà Ghazni, l'Afghan promis, et un lit de puces pour attendre l'aube. Nous dînons en silence dans le bazar, entourés de sikhs aux turbans colorés et d'enfants curieux.

Avant le lever du jour, l'ami du nain m'indique une maison de thé remplie de voyageurs en partance de l'ancienne capitale ghaznavide, splendeur de l'an mille. Je me joins à un groupe qui descend sur Kandahar : un Kabouli tout juste rentré de trois ans passés à Dubaï, une « barbe blanche » qui voyage avec ses femmes – deux formes de toile bleue qui bougent –, un grand gaillard fort en gueule originaire de l'Uruzgan, deux gamins, un quadragénaire roublard, d'autres Afghans plus anonymes. Et ce jeune homme originaire d'Herat, qui vient de Khost et ressemble de façon troublante à Keanu Reeves. La longue salle de la maison de thé est comble. Chacun préfère y rester afin de se protéger du froid encore mordant de la nuit, et ne sortir qu'au moment du départ. Dans la fièvre des préparatifs, les thés et les pains circulent par-dessus les têtes. Quelques soldats peinent à mettre de l'ordre. L'un d'eux, un tout jeune taliban intrigué par mon visage, s'approche de moi.

— Qu'est-ce que tu fais, toi ?

— Je vais à Kandahar.

— Mais tu es étranger ! D'où viens-tu ?

— Je suis français, dis-je en lui tendant la carte de presse afghane que les autorités m'ont délivrée à Kaboul.

— Tu n'as pas le droit d'être ici ! Tu as un passeport ?

— Qu'est-ce que tu racontes ? Tu n'as pas besoin de mon passeport ! Pourquoi le demandes-tu ?

Le taliban manque d'assurance, tout cela devient bien trop compliqué. Il ronchonne pour la forme et s'éloigne, la tête haute. Keanu me fait un grand sourire, attrape mes affaires. C'est décidé, il s'occupe de moi. Je serai son invité le temps du voyage, me déclare-t-il. Le soleil se lève à peine alors que nous embarquons dans un bus probablement acheté d'occasion dans les années 1970 à des hippies allemands. Keanu s'assied à mes côtés. Il est six heures du matin. La route de Kandahar, paraît-il, fut asphaltée avant la guerre. Maintenant, les ornières pourraient dissimuler un éléphant. Et, quand elles ne sont pas remplies de boue, ce sont des baignoires à poussière. Un lœss gras qui pénètre dans l'habitacle du bus.

Sortant d'une ornière, notre bus relève la tête et, de temps à autre, se trouve subitement face à un véhicule qui vient à contresens. Il l'évite avec habileté malgré ses pneus mangés et lisses, puis replonge dans l'ornière suivante. La poussière éclabousse alors le parebrise, recouvre le conducteur en passant par le moteur, se colle aux vitres et blanchit les gamins armés de pelles qui font semblant, dehors, de *réparer* la voie pour mendier quelques centaines d'afghanis. Quand l'asphalte est intact sur une cinquantaine de mètres, la douceur de la conduite est presque indécente, tellement inattendue. Puis les vagues reprennent.

J'ai le mal de mer.

Les heures se succèdent et le paysage ne change pas au point que j'arrête même de regarder ma montre. Il y a du monde sur cette route. Par moments, des camions chargés d'obus remontent vers Kaboul. D'autres portant des lance-roquettes nous doublent en direction d'Herat. Nous croisons beaucoup de minibus japonais, l'unique moyen de transport privé, diablement efficace, dans tout le pays. En milieu de matinée, un de ces minibus nous double. Il est plein à ras bord de femmes aux burqas relevées. L'excitation est à son comble. Rires aigus des hommes déchaînés. On s'agite, on postillonne, on s'accroche aux battants des fenêtres pour mieux tendre le cou. Plusieurs de mes voisins ont les yeux tout ronds. C'est que les coquines ne se cachent pas et toisent les passagers de mon bus avec des sourires espiègles. Keanu est tout ému.

— Vas-y ! Redouble-les ! Mais qu'est-ce que tu fais ?

— Oui, avance ! Double, mais allez, double !

— Ah, ah, ah... des femmes !

La sueur perle sur les tempes du chauffeur. Il est tout rouge, son moteur hurle. Il aimerait bien les redoubler lui aussi... mais le minibus nous distance. Keanu ne trouve pas cela très convenable, quand même.

Voilà des heures que la cassette de chants religieux que le chauffeur ne passe qu'aux barrages taliban est rangée. Il a mis très fort une cassette de musique populaire afghane. L'écoute de cette mélodie stridente, des heures durant, alors que la radiocassette est pleine de lœss et la bande froissée, tient de l'exploit. La musique est interdite par les taliban.

— Et alors, qu'est-ce qu'on s'en moque, chantent en chœur les passagers.

Je ne sais pas ce qu'en pensent les deux femmes, silencieuses et invisibles, assises à côté du vieux, mais pour les hommes avec qui je voyage, ça oui, les taliban c'est vraiment une bonne chose. On ne risque rien sur la route, ça sent la paix, Kaboul est calme... mais c'est vrai qu'ils sont cons ! À un arrêt pipi, la grande gueule de l'Uruzgan allume une cigarette de hachisch.

— Eh, l'étranger ! Ça aussi, c'est interdit...

Et il éclate de rire en la proposant alentour.

La nuit tombe alors que nous roulons encore. Nous sommes stoppés à l'entrée de la province de Kandahar par des soldats de Dieu. Le couvre-feu, sans doute. Nous passons une courte nuit dans un concert de ronflements et de puces, en compagnie d'une soixantaine de voyageurs, sur le sol glacé d'une auberge. Vers trois heures, un coup de pied dans les reins réveille les derniers et nous atteignons la ville de Kandahar avec les premiers rayons du jour. Dix-sept heures pour trois cent cinquante kilomètres.

À l'arrière du bus où Keanu prend le chemin d'Herat est inscrit : *Good your trip !* Moi, je suis à destination. J'attends que le soleil monte un peu plus, sorte de derrière le mur d'en face et vienne me chauffer la carcasse. Je vais rester deux bonnes heures dans cette gare routière de Kandahar, assis sur des planches à côté d'un vendeur de lait chaud. Des bus, des camions, des voitures arrivent, partent, se frôlent. Les ânes et les chameaux tiennent leur rang d'auxiliaires avec assurance. Des chiens traînent en couinant sous les étals. Le bazar s'ouvre. Sur les genoux, j'ai posé mon cahier bleu et j'écris trois lignes. Des hommes et des femmes s'animent, les enfants courent. Les enfants courent toujours.

Il est des images, rares, qui vous restent pour la vie entière. L'exécution capitale dont je vais être témoin cinq jours plus tard est de celles-ci. Le monde nous prend parfois à témoin de façon odieuse ; il impose alors un souvenir d'une telle violence... Pourtant, je n'aurais jamais imaginé pouvoir y assister avec autant de détachement, d'indifférence. Mes propres sentiments, mon absence de pitié, d'émotion, contribuèrent davantage à maintenir le trouble qui me hantera que le *spectacle* dont je vais être témoin. Comment pouvais-je réagir ?

Je marche dans une rue de Kandahar où la poussière picote les narines. Tout est différent, tout est à observer. Sur la place centrale d'Herat bazar, un policier en chemise blanche a renoncé à s'occuper de la circulation. Non pas qu'elle soit dense, mais disons plutôt joliment désordonnée : charrettes, chevaux, voitures taliban ou civiles, beaucoup d'enfants bien sales et puis un vieillard très lent, au beau milieu de la place. Deux ans auparavant, en ce même lieu, j'avais bu le thé chez un réparateur de télévision. En vitrine, un poste de fabrication soviétique avait été transformé en aquarium. Deux petits poissons rouges faisaient des longueurs dans le tube cathodique. Aujourd'hui, ce magasin est fermé. De l'autre côté de la place, deux amis à moi tiennent une boutique d'épices. L'un est pilote d'hélicoptère, ancien chef de la résistance, et son associé fut un instructeur militaire du régime communiste. Aujourd'hui, aucun des deux n'est présent. J'apprends que le pilote a été réquisitionné par les taliban.

Ma promenade me porte devant une école. Je m'y engouffre. Le directeur serait ravi de me parler d'éducation, mais, fort peu à propos, il préfère m'apprendre la nouvelle de cette exécution imminente... à laquelle il aimerait bien se rendre. Même ici, ça n'est pas si fréquent. Vais-je l'accompagner ? J'hésite. Dans moins d'une heure, sur l'esplanade de la mosquée Id Gah, un homme va mourir. Deux, me précise-t-on. Les taliban, depuis leur arrivée, appliquent à la lettre la charia. Pour les voleurs, la main coupée, pour les adultères, la lapidation, et pour les meurtriers, la mort. En public.

J'y vais !

En chemin, je ne pense qu'à faire demi-tour. J'ai l'estomac noué, les jambes un peu faibles. Une foule

L'Est afghan,
aux abords de la
plaine de Zormat.

Au camp de Jaji
en mai 1988,
je prends
quelques notes
avant notre
départ pour
Kaboul.

C'est dans ce camp de Jaji que j'ai passé quinze jours à attendre, interminablement.

Le commandant Mama Habib dans le camp communiste déserté.

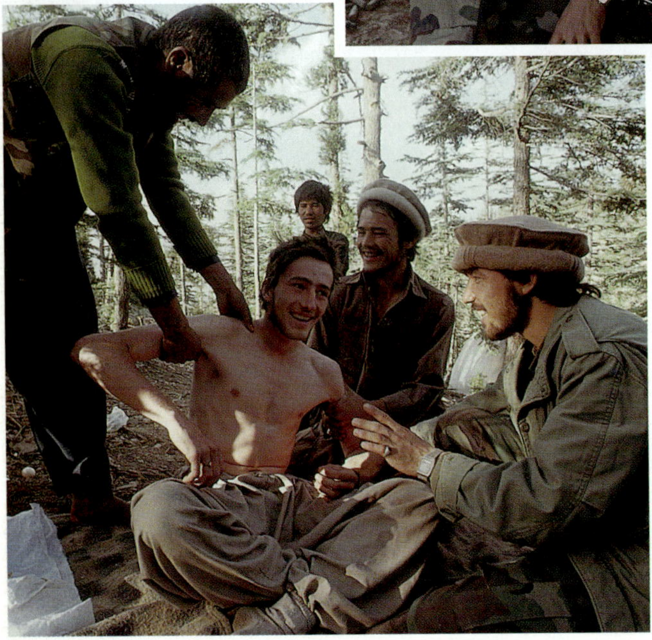

Les moudjahidin me recassent la clavicule dans l'espoir – vain – de la remettre en place.

Gilles Luneau, l'ami qui le premier m'initia au journalisme.

Un poste de surveillance antiaérienne au-dessus du camp de Sanglakh.

Quand le fusil cède à la fleur.

Un jeune moudjahid part au combat près de Maydan Shahr en juin 1988.

Départ pour une marche de nuit.

Avec Ahmed Anwari et
le commandant Zakeri,
à Sanglakh, en juin 1988.

Départ du camp de Jaji. Les combattants passent sous le Coran enveloppé dans un foulard pour obtenir la protection divine.

Les volontaires arabes (ici un Saoudien à Jaji en 1988), qui prêtent main forte aux moudjahidin contre les Soviétiques, deviendront les hôtes indésirables des taliban.

Février 1995, discussion entre taliban à l'aéroport de Kandahar.

Poste de contrôle taliban sur la route de Kandahar.

Sourires
et stupeur.
Trois taliban
découvrent
leur image
sur l'écran
de ma caméra.

La résidence de mollah Omar
à Kandahar en 1995.

Une rue de Kandahar en février 1995.

Octobre 1996, les taliban qui viennent de prendre Kaboul détruisent au char des stocks d'alcool.

Le centre de Kaboul, en 1996, détruit par les longues années de luttes intestines entre moudjahidin.

Paysage du Nord-Est afghan, à l'entrée du Badakhshan.

Les gorges de Tangi Gharu
sur la route entre
Jalalabad et Kaboul.

Champs de pavot
dans une vallée
au nord de Jalalabad.

Une maison
forteresse typique
au nord
de Jalalabad.

Le tombeau d'Ali
à Mazar-e-Sharif.

L'entrée
du corridor
de Wakhan
tel que je
le vis le jeudi
22 mai 1997.

Été 1998, Pakistan. Thomas, Simon, moi et Ludovic en route pour le Wakhan.

Le commandant
Massoud, été 1998.
À droite, Fahim,
l'actuel ministre
de la Défense.

Najibullah, le mercenaire français,
à l'aéroport de Begram au printemps 2000.

Une équipe de snipers
des commandos
de Massoud formés
par Najibullah.

La Maison Denis à Kaboul, sous la forteresse de Kolola Pushta, siège de l'antenne afghane de la Société des explorateurs français.

Printemps 2001, les trois frères Allix sur la terrasse de la Maison Denis à Kaboul. Thomas à gauche, Simon à droite et moi au centre.

Page de droite : inauguration du musée de Kaboul en août 2000 en présence de mollah Wakil Ahmad Motawakel (en blanc), ministre des Affaires étrangères. Détail de la pierre de Rabatak, stèle en gréco-bactrien datant du IIe siècle de notre ère découverte en 1993, la pièce maîtresse du musée.

Le grand bouddha
de Bamian photographié
par mon père en 1956.

L'équipe de la Maison Denis lors du voyage de mes parents en mai 2001. De gauche à droite : Nassim, Najibullah, mon père, moi, ma mère, Aref Safi, Abbas, Zabiullah, Faridoon, Farad et Simon.

« Marco Polo », un serveur de l'hôtel Intercontinental de Kaboul, enchanté de voir le visage d'une femme, dépose devant Natacha les fleurs en plastique qui décorent le bar de l'hôtel.

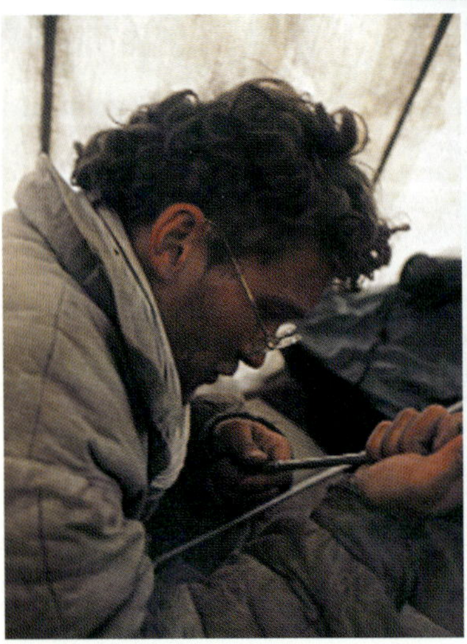

Sylvain Tesson fut l'écrivain et Hamed Safi l'administrateur de la Maison Denis.

Hakim

Siddiqui

Thomas

Vadim

28 mai 2001, notre famille chez le juge de Maydan Shahr.

Je suis allé en Afghanistan pour comprendre les hommes et les raisons de leurs meurtres. J'ai vu le sang, la souffrance et la mort, déjà. Cela m'a rendu attentif à la respiration de la terre. À ses millénaires de mémoire et d'héritage.

Les photos non créditées proviennent de la collection personnelle de l'auteur.

enfle, bien décidée à aller se repaître de justice afghane. Et je me laisse entraîner. Des spectateurs, les enfants sont les plus excités, ils courent. Hommes, vieillards et adolescents marchent plus tranquillement en devisant par petits groupes. Les plus prévoyants escaladent déjà camions et autres bus garés à bonne vue du grand terre-plein. Ils sont bien avisés. L'esplanade est vaste, mais l'événement attire des milliers de badauds ; tout le monde ne pourra pas voir, malgré le bon ordre que tente de faire régner une forte escouade de jeunes taliban armés de bâtons. Tels des bergers et leurs moutons, ils parquent avec vigueur la foule de curieux. Je pénètre dans l'enceinte au milieu d'une cohue indescriptible, ma carte de presse afghane ostensiblement brandie vers les cerbères religieux. Elle me dispense dans l'immédiat de quelques coups de trique. Un soldat s'en saisit, l'inspecte. Je suis invité à me rendre à l'endroit réservé aux officiels, mollahs et chefs taliban. Zut ! me voilà bien près de la « scène ». Devant ces honorables juges et barbes blanches, j'ai peur, le moment venu de l'exécution, de ne pas pouvoir me tenir. Je pense vomir, j'envisage l'évanouissement, je crains les deux à la fois. Mais il faut que je voie, Dieu sait pourquoi.

Sur les murs bordant ce haut lieu de la vie sociale kandahari, des taliban debout, un tous les quatre mètres, cachent mal une certaine excitation sous leurs dehors sérieux de gardiens de l'émirat. Du groupe des juges et des dignitaires, des regards curieux se portent sur cet Occidental penaud qui s'assied à même le sol, au deuxième rang. Hochements de tête, petits sourires et saluts courtois m'accueillent. À notre gauche, une foule de milliers d'hommes est assise de la même manière, par terre. En d'incessants va-et-vient, de jeunes taliban armés de kalachnikovs font régner la discipline. Le public est dense. Il ne s'agit plus d'individus, mais d'une grappe compacte qui s'étale sur le sol, recouvre les toits environnants, tente même de déborder la muraille de la hauteur d'un homme. Dans cette masse fluide de turbans, de vêtements dépenaillés, d'étoffes aux couleurs ternes possédés par la poussière, pas une femme en vue. Un long murmure oriental recouvre le nord de la ville de Kandahar.

Une prière monte dans les crachotements métalliques du haut-parleur de la mosquée. Le chant aux sonorités gutturales, vallonnées, de l'arabe impose le silence. La bienveillance d'Allah l'Unique est appelée sur cette grave assemblée. Moment d'importance. La justice d'Allah s'incarne sur cette terre de l'émirat d'Afghanistan. Suit un prêche, déclamé avec passion par un des dirigeants du mouvement taliban. Il commence par hurler. Puis, retrouvant un ton plus calme, sa voix se fait paternaliste, presque inaudible, et la fougue revient. Il hurle à nouveau. Le peuple de Kandahar n'en demande pas tant. La mort pour les meurtriers ? Bien avant la venue des taliban, tout le monde, dans ce pays, s'accordait sur ce type de justice. Mais voilà le mollah qui s'époumone, emporté par ses convictions. Il explique les crimes commis, puis les détails de la sentence.

Emporté par le discours du mollah, c'est à peine si l'on remarque l'arrivée sur l'esplanade d'un convoi de sept véhicules. Des hommes armés en descendent, des notables également, qui viennent s'asseoir autour de moi. Une seule voiture ne repart pas et se range à l'écart. Elle est de couleur rouge, ses vitres sont teintées. Le silence revient. Durant plusieurs minutes, personne ne semble savoir quoi faire. La foule n'a qu'un but, apercevoir les condamnés. À vingt mètres de moi, sur la droite, une poignée d'hommes. L'atmosphère s'électrise, des mots sont échangés, rapides, secs. Tranquillement, deux jeunes s'accroupissent. Ils envoient de bien interrogateurs regards autour d'eux. C'est alors que je comprends. Les deux hommes qui seront morts dans un instant, ce sont eux. Oh, quelle vision ! Mon Dieu !

Ils sont comme les autres !

Pas un hurlement. Ils ne pleurent ni ne se débattent. Non, simplement accroupis, ils attendent. Deux enjambées les séparent. Un vieil homme saisit alors une kalachnikov. Légèrement plié sur lui-même, comme pour diminuer les tremblements, il engage une balle dans la fenêtre d'éjection et avance vers un des deux jeunes accroupis.

Ils se regardent.

Est-ce le canon de l'arme ou les yeux du vieillard que le condamné fixe ? La première détonation déchire un silence devenu total. Le condamné lève à peine les mains. Juste une contorsion du buste, comme lorsque l'on s'attend à prendre un coup. Sursaut bizarre sur sa chemise. La balle a pénétré dans la poitrine. Une très longue seconde, il ne bouge pas. Et puis, dans un même mouvement, son corps part doucement en arrière. Le vieux se rapproche et vide un chargeur entier.

L'autre condamné est toujours accroupi.

Il regarde.

Il regarde ! Les taliban sont immobiles. La foule est muette. Les secondes s'étirent, prennent possession du temps de façon irrationnelle. Une très légère brise fait frissonner le haut des arbres en un tremblement musical. Une autre kalachnikov, un autre homme, plus jeune, est déjà devant le deuxième « mort ». Coup de feu ! Cette fois, je vois la balle ressortir par le dos. D'un trait rouge, elle se fiche dans le mur. Une vie s'échappe, en ce simple et court instant que prend le corps à basculer. Ralenti, chorégraphie en arc de cercle d'un pantin qui tombe. Des gestes ultimes, désarticulés. Une poupée dont la vie disparaît.

Il est allongé, plus en vie, pas encore mort. Il n'a pas dit un mot. Oh ! comme cela est indicible, regarder un homme mourir. Alors le tireur vise la tête et lâche plusieurs rafales. C'est sa petite fille de quatorze ans qui a été violée et étranglée. On est obligé d'arrêter le père. La tête a disparu, une balle est partie dans la foule.

On emmène les deux cadavres dans la benne d'une Toyota et les taliban laissent venir la foule. Comme un seul homme, des milliers de spectateurs se ruent vers deux petites taches de sang. Un des officiers taliban n'est pas content du tout. Il parle fort et gesticule en désignant un bout de cervelle que personne n'a eu l'idée de ramasser. Sous le piétinement des curieux, il s'éparpille et disparaît. L'après-midi est bien entamé.

Les arbres dansent.

Ces deux adolescents, mais en Afghanistan, à leur âge, on ne l'est déjà plus, n'avaient pas été condamnés à mort, mais au *qessas*. Cela signifie que leur culpabilité a été démontrée et qu'ils doivent payer le prix du sang. La famille de la victime, seule, décide ou non de l'exécution. Il lui est offert de pardonner. Dans ce cas, le condamné échappe à la mort. L'un s'appelait Nour, l'autre Yakoub. Nour avait vingt-deux ans, Yakoub seize. C'est Yakoub qui est reparti sans tête de l'esplanade de la mosquée Id Gah. Le chef de la police taliban de Kandahar m'a relaté leurs histoires le lendemain matin. Il aurait été abominable, en spectateur de leur mort, que je ne cherche pas à savoir trois choses de leurs vies, des crimes qui les avaient conduits là. Il m'a déclaré avoir beaucoup insisté auprès des familles pour que le pardon soit accordé. Ses yeux étaient sincères. Je dis cela pour ceux qui pensent que le taliban a forcément l'air fourbe, le crâne dégarni, le nez crochu et la bouche lippue. Des juges, des mollahs l'ont aidé à parler aux deux familles des victimes, ont vanté les mérites du pardon en islam. Rien n'y fit. Unanimes, les familles souhaitèrent que le sang soit versé.

Le pardon existe en islam, pas chez les Pachtoun.

Patio, toits de terre supportés par des troncs d'arbres, poussière ensoleillée... La cour du poste central de la police taliban a des allures d'hacienda mexicaine. Impression éphémère, vite dissipée par une abondance de turbans.

Le bureau du chef de la police est à l'image de chacune des pièces du vaste bâtiment : vide. Des coussins odorants, des tapis élimés, trois crachoirs et toujours une théière tiède ainsi que quelques verres de cantine *made in France*. Le chef de cette police en turban me reçoit aimablement et accepte de me raconter la façon dont les taliban conçoivent la justice.

Il affiche sa conviction. Nour et Yakoub ont été reconnus coupables de viol et de meurtre. Quelques mois auparavant, Nour avait violé un petit garçon de dix ans. Une fois son forfait commis, il prit peur d'être dénoncé par l'enfant et le pendit. On retrouva le corps accroché aux branches d'un arbre. Yakoub, lui, abusa d'une jeune fille de quatorze ans et l'étrangla. Tous deux furent arrêtés et avouèrent.

Je quitte Kandahar peu de temps après.

Avec des questions sans réponse. La justice dont se prévalent les taliban, ce sont des routes sûres, une large partie du pays en paix, mais aussi de petits éclats d'os et de cervelle sur le sol de ciment d'une mosquée de Kandahar.

Je ne peux pas partager ça. Mais je suis encore journaliste, alors j'écris ce que je vois, et continue à essayer de comprendre les gens différents de moi.

Deux semaines plus tard, je suis à Islamabad, dans le bureau spacieux de l'ambassadeur de France au Pakistan, M. Pierre Lafrance. L'homme, proche de la retraite, est de grande taille et fait montre d'une distinction séduisante. C'est en outre un connaisseur remarquable de la région. Front dégagé, cheveux fins et blancs, un œil curieux et pétillant qui par instants replonge subitement dans quelque pensée intérieure, souffrance contenue. La rigidité de l'homme est pleine d'élégance. Son sourire chaleureux fait aisément oublier le diplomate. Il sait écouter, il sait entendre. Et il a la délicatesse de me recevoir pour ce que je suis, un promeneur plutôt qu'un expert. Je lui raconte quelques anecdotes, je lui fais part également de mes hypothèses concernant la structure du mouvement taliban. De retour en France, le surlendemain, je dois livrer mon analyse au *Monde diplomatique*. M. Lafrance n'est pas, officiellement, plus informé que moi sur certains points obscurs du régime. C'est d'ailleurs cela qui surprend. Le secret entoure les mollahs du mouvement, leurs projets, leurs itinéraires...

— Dans leurs premières déclarations après leur prise de Kandahar, il y a deux ans, ils affirmaient n'être d'aucune obédience. La plupart viennent de madrasas de la tendance déobandis, mais ils affirment être ni wahhabites ni d'aucune autre branche, d'ailleurs !

En avril dernier, Mollah Omar s'est fait proclamer *Amirul-Momeneen*, Commandeur des croyants, devant des milliers de mollahs et d'étudiants religieux réunis pour l'occasion à Kandahar. Mollah Omar ne peut prétendre au titre de roi d'Afghanistan, il y en a déjà un en exil à Rome depuis vingt-trois ans ! Il ne peut non plus, dans sa logique, être président, car Mollah Omar n'est pas là pour gouverner.

Mollah Omar est là pour *guider !*

À l'âge de trente-trois ans, sans même avoir fini ses études religieuses, interrompues par l'invasion soviétique, Mollah Omar, en devenant Commandeur des croyants, marque son désir de prendre de la distance avec les courants religieux *extra-afghans*. Il veut devenir le centre de l'islam libérateur de l'Afghanistan.

— Il se comporte comme le pilier d'un mouvement qui se veut aussi la source d'une nouvelle pensée... ou application de l'islam.

— C'est étonnant, monsieur l'ambassadeur, car il se distancie et du système traditionnel tribal afghan et des courants de pensée dont lui et ses amis sont originaires. Qui, à la longue, les taliban vont-ils avoir comme soutien ?

Pierre Lafrance semble soudain absorbé par ses pensées. Comme s'il cherchait les clés, un indice, un signe dans ses souvenirs, les dossiers lus, dans les rapports de ses services dans une analyse entendue à ces réunions du lundi, auxquelles assistent, dans les locaux de l'ambassade, les principaux diplomates français, ainsi que le chef de nos services de renseignements en poste au Pakistan.

— Leur projet politique reste, nous sommes bien obligés de le constater, encore bien mystérieux !

Mémoire

Avec la prise de Kaboul par les taliban, la communauté internationale devient plus curieuse du destin que traverse l'Afghanistan. De mon côté, je laisse passer les grands froids, puis, comme le pavot refleuri dans les plaines et les vallons, je retrouve ce bazar chaud et animé de Djalalabad, et le jardin merveilleux d'Alan Jan. Ici, les taliban commencent à impatienter certaines tribus. On ne l'exprime encore que de façon polie, en abattant de temps à autre un grand nigaud de taliban quand le sous-préfet du bourg en envoie une bande un peu trop haut dans la montagne. En somme, on s'arrange comme autrefois, entre soi. Les maris rabougris continuent à être cocufiés derrière les sapins du Kafiristan, et leurs femmes à en avoir les pommettes roses et les fesses chaudes, malgré la lumière, la charia et Mollah Omar.

Au cœur du printemps 1997, les villes afghanes qui échappent encore aux taliban sont celles du Nord. En premier lieu, la grande cité des plaines de Bactriane : Mazar-e-Charif. Les bourgades de Kunduz, Taloqan ou Feyzabad sont toujours libres également. Je vais m'y rendre.

Mazar-e-Charif est aux mains du chef de guerre Rashid Dostom. Je n'ai qu'une envie : en foutre le camp ! Est-ce parce que la guerre est à la veille de s'abattre sur la cité ? Est-ce que je sens déjà ce qui va se passer ici dans quelques jours ? Une orgie de balles, de shrapnells qui inonde les avenues ensoleillées ; dans chaque recoin de la ville, des cadavres par centaines. Les survivants enterrés vivants...

La ville est un cloaque de truands à moustache. Mais au cœur, au centre de la croix des avenues, il y a cette perle, seul souvenir dont me revient la magie à chaque évocation de Mazar-e-Charif : le tombeau d'Ali. Ali, cousin et gendre du Prophète, quatrième calife de l'islam et successeur désigné de Mohammad, fut assassiné en 661. Il est ordinairement admis que son corps fut enseveli non loin de Bagdad. Néanmoins, on raconte que ses partisans, craignant que ses ennemis ne se vengent sur sa dépouille, placèrent le corps sur le dos d'une chamelle blanche qui marcha ainsi des lustres jusqu'à ce qu'elle tombe, épuisée, non loin de la ville de... Balkh, en Afghanistan ! Ce n'est qu'au XIIe siècle que le secret de la sépulture du quatrième calife fut révélé à un mollah lors d'un rêve que fit le religieux. Le sultan Ahmad Sanjar ordonna que des recherches soient lancées, et l'on retrouva la tombe d'Ali. Le corps du calife était en parfait état de conservation ! Le sultan fit construire un monument autour de la tombe. Moins d'un siècle plus tard, Gengis Khan fit raser l'édifice, mais épargna la tombe même. En 1480, la sépulture est ouverte une nouvelle fois et, à la stupéfaction de tous, le corps du saint est intact. On érigea alors une grande mosquée. La communauté chiite, qui vénère le martyre d'Ali, est très importante dans la ville, ainsi qu'en Afghanistan central.

Voilà un lieu, que la chamelle s'y soit effondrée ou non, où Dieu est présent pour tous les hommes. Avec amour et évidence. La première enceinte est contrôlée par de jeunes soldats ouzbeks. En la franchissant, soudain, j'abandonne dehors un lourd manteau de tension. Je suis apaisé. Instantanément, comme si un voile invisible retenait à la porte soucis, peurs et tracas, tristesse et désarroi. C'est un soulagement identique, en plus intense toutefois, à celui qui frappe au crépuscule d'une folle journée lorsque l'on s'assoit, que les paupières se ferment, sans qu'on veuille dormir, et que tout se calme enfin autour de soi.

Je ne suis plus dans l'excitation meurtrière de la ville, mais dans la marche lente des croyants. Il y a des hommes, des femmes sous leur burqa, des enfants qui chahutent, des mendiants et mendiantes en lambeaux. Des Ouzbeks sortis des steppes et sentant le cheval portent leur grand manteau bariolé et cet interminable turban.

J'entre dans la cour intérieure où il faut se défaire de ses chaussures. Un garçon pose fièrement devant une bonne centaine d'improbables sandales, d'étonnants godillots et autres savates odorantes. D'un geste habile, il agence, gère, attrape et rend toujours à son propriétaire, sans proférer un mot, la bonne paire. Pieds nus sur le marbre tiède. Voilà le tombeau d'Ali ! Sous le soleil de la steppe, la foule tourne lentement autour du bâtiment central. Habillé à l'afghane, je me fonds dans le décor sans que je me pose une seconde la question de savoir si j'ai le droit d'entrer. Je ne l'ai pas, mais peu importe, on m'aura pris pour un Tadjik. Emporté dans la douce ronde mystique, je parviens à l'entrée du tombeau. Je reste planté devant, sans un mouvement.

Puis j'y pénètre. Avec lenteur mais sans hésitation.

Deux rangées de vieillards reçoivent les offrandes. Devant moi, au fond, je ne regarde que le tombeau. Il est entouré d'une sorte de cage en métal. En larmes, des femmes, des hommes, des vieilles et des enfants posent le front contre les grilles afin d'apercevoir le velours violet du sépulcre. Le corps intact du saint est donc là ! Mes mains s'accrochent aux barreaux, je me recueille et je prie.

Je suis bouleversé, attrapé par surprise. Un tel lieu de paix, une telle énergie en cet endroit, en ce moment. Comment pourrais-je être infidèle ? Que m'importe le nom de mon Dieu, peu importe que j'en aie un ou non. Je suis un homme du Livre, parmi mes frères...

Je retiens avec peine des larmes de joie. Une émotion incompréhensible me submerge. Mais j'ai déjà vécu cela ! Une fois. Au Tibet. C'était dans la pièce haute de plafond d'un vieux monastère dont j'ai oublié le nom, près de Lhassa. La pénombre était encombrée de statues bienveillantes, géantes et très vieilles qui semblaient vouloir me dire quelque chose. La grande salle sentait l'encens et le beurre de yack.

Je commence à me dire que je ne viens pas seulement sur cette terre afghane pour comprendre la marche des hommes, la raison de leurs trafics et de leurs meurtres, mais qu'une puissance bien supérieure y a ses racines. Vendredi 16 mai 1997, un premier indice m'est donné dans cette mosquée. Il y a là de la mémoire ! L'Afghanistan devient ma terre, parce qu'elle est une terre de révélation pour les hommes qui cherchent. Je suis un homme qui cherche...

Je retrouve le soleil. Adossé contre le mur du mausolée, un homme chante des versets du Coran. Il est aveugle. De ses lèvres sortent des fleurs, des pétales et du miel. Un nuage de colombes virevolte au-dessus des faïences. Des milliers de colombes blanches. Si un pigeon gris rejoint cette colonie, il est dit qu'il blanchira dans les quarante jours. De gros cumulus venus du sud descendent sur la plaine, qui, après le fleuve, filent jusqu'à Samarkand. Le soleil parti sur l'horizon, quelque part au-dessus du Turkménistan, les éclaire par en dessous d'un rouge brûlant. Le vent se lève ; cette nuit, il va pleuvoir.

Cinq jours plus tard, je suis à Feyzabad, dans le Badakhchan. Les taliban encerclent Mazar-e-Charif, et Kunduz est tombée entre leurs mains le lendemain de mon passage. Tout le nord de l'Afghanistan est balayé par la guerre. Je n'en reviens pas ! Alors je continue vers l'est, vers le Pamir tadjik. Les routes sont de moins en moins larges, et de plus en plus désertes. Lorsque j'arrive à destination, loin de tout, Rashid Dostom a fui Mazar-e-Charif, trahi par l'un de ses commandants qu'il n'avait pas fait assassiner, Abdul Malik.

Trois mille taliban sont entrés en avant-garde dans Mazar avec des hommes de Malik. Sans attendre les renforts qui montent d'Herat, les taliban ordonnent comme à leur habitude le désarmement des milices. Dans un quartier chiite, un petit groupe de taliban vient confisquer les stocks des habitants. Entre les taliban, majoritairement Pachtouns sunnites, et la communauté chiite, c'est peu dire que la confiance ne règne pas. Certains chiites aiment à occire au sabre le Pachtoun égaré et, de leur côté, certains taliban sunnites pensent qu'ils iront au paradis s'ils massacrent des chiites. Le ton monte. La patrouille taliban est décimée, comme les renforts. Alors Mazar-e-Charif s'embrase. Le lendemain, le CICR ramasse des centaines de cadavres, principalement des taliban. On parle de sept cents. Pour l'Afghanistan, à cette époque, c'est énorme. Mais ce n'est pas fini. On perd littéralement la trace de mille à mille cinq cents taliban, faits prisonniers par les hommes de... Malik. Discrètement, un peu à l'écart de Mazar-e-Charif, ils vont être méthodiquement exécutés. Ceux qui n'ont pas la chance de mourir d'une balle sont entassés dans des conteneurs de camion fermés et laissés au soleil. Le temps qu'il faut.

À part Kunduz qui reste entre leurs mains, la vague taliban qui a submergé le Nord passe son chemin en laissant une traînée de sang. Le leur ! Les taliban ne vont pas oublier ce massacre de Mazar-e-Charif. Les taliban... et leurs « amis. »

Je ne sais rien encore de tout cela. Dans la montagne afghane, je n'ai ni téléphone ni radio. Le village où j'échoue est peuplé d'hommes étranges qui paraissent oubliés. Mais devant eux est le plateau, la masse qui bouche entièrement l'horizon. Au sud, c'est une muraille, en face, un bloc. Entre les deux se faufile une vallée, une faille, une invitation : le corridor du Wakhan. À cet instant précis, sans proférer un mot, je fais le serment de revenir un jour. Ici se fera mon dernier voyage afghan. J'entrerai dans cette vallée pour la remonter jusqu'au col conduisant en Chine. À pied, en oubliant le temps ! Comme chaque voyage devrait s'envisager. J'approche enfin de l'essentiel.

Le Wakhan est une sorte de doigt à l'extrême nord-est de l'Afghanistan. Une très longue vallée qui épouse le cours de l'Oxus, fleuve qui y prend sa source, et bute contre le plateau du Pamir chinois. Cette vallée était une route. Elle constituait la partie sans doute la plus hostile des routes de la soie, entre la Bactriane et la Chine. Les voyageurs s'y engageaient avec crainte et appréhension. Aujourd'hui, seuls quelques nomades kirghiz y demeurent. Marco Polo y passa et, durant des siècles, pèlerins, marchands, explorateurs s'y succédèrent. Trois empires ont poussé leurs respirations dans les confins de l'Asie centrale. L'Empire britannique des Indes, celui du tsar de toutes les Russies et celui de Chine. Le Wakhan a été le théâtre de leur singulière rencontre. Au XIXe siècle, explorateurs britanniques et russes se croisent à deux ou trois reprises dans le Wakhan. Après d'éprouvants voyages, on comprend leur gêne à s'y côtoyer. Ce bout du plateau pamiri est-il russe ou anglais ? Pour les stratèges des deux bords, la question est d'importance.

Le Wakhan n'a rien d'une barrière naturelle, au contraire, c'est un axe d'échanges. Qu'importe, la prudence ordonne d'en faire un mur, une zone tampon. Sur les cartes, on la dessinera. En 1895, une commission conjointe anglo-russe baptisée Pamir Commission attribue, avec l'aimable participation du roi afghan Amir Abdul Rahman Khan, le corridor du Wakhan à... l'Afghanistan. L'immensité de l'Asie centrale avait empêché, durant des siècles, que Russes et Anglais ne viennent à posséder une dangereuse frontière commune. Bien avisés, ils décidèrent de maintenir cet état d'éloignement géographique en donnant cette improbable bande de terre, large par endroits de moins de dix kilomètres, à un pays voisin dont la farouche neutralité avait été prouvée. L'Afghanistan, donc. Un des rares pays, d'ailleurs, qui se maintiendra hors du conflit lors de la Seconde Guerre mondiale. Ce n'est pas tant la largeur dérisoire de ce Wakhan qui était importante, mais l'obstination des beaux esprits stratégiques, de Londres à Saint-Pétersbourg, à se persuader qu'ainsi ils ne se touchaient pas. Voilà comment, pour près d'un siècle, allait émaner du corridor du Wakhan une formidable densité stratégique.

Jusqu'à présent, c'est en Afghanistan que j'ai vécu mes plus grandes émotions, mes plus violentes rencontres avec des hommes remarquables. Mes plus chauds souvenirs. C'est là qu'il m'a semblé apercevoir un autre temps. Au fond de cette auberge, entouré de voyageurs, sur une piste de montagne, à cheval. Ou encore traversant un désert moucheté de ces campements nomades protégés par de solides molosses. C'est dans ces moments rares que j'ai éprouvé ce merveilleux sentiment de disparaître de la surface de notre siècle. Non pas le bonheur d'une fuite, plutôt celui d'une découverte. La découverte qu'il existe sur terre d'autres époques que la nôtre. D'autres mondes, d'autres pensées. A-t-on envie de les entendre ? A-t-on envie que ces autres mondes participent au nôtre ? La terre afghane est pareille à ces parchemins dont on grattait l'encre pour les réutiliser de nouveau, alors que parfois l'ancien texte était encore déchiffrable. Elle porte en elle l'histoire même de l'Asie centrale.

Cette histoire est connue, mais son âme ne se dévoile qu'à ceux qui viennent s'y user les pieds. Quelque chose me murmure que l'essence de ce que je poursuis est cachée, quelque part, dans ce corridor du Wakhan.

L'histoire peut être belle, et je propose à mes frères de la vivre avec moi. Thomas et Simon voyagent ensemble au Tibet et dans d'autres lieux voisins, mais jamais nous ne sommes partis tous les trois. Alors pourquoi pas ?

Au printemps 1998, Jean-Luc Marty nous passe commande de l'aventure pour le magazine *Géo*. Ludovic Place, cameraman et réalisateur, se joint à nous pour en faire un film. Thomas se fracture un os du pied deux jours avant la date prévue pour le départ. Nous repoussons de plus d'un mois.

À la mi-août 1998, nous sommes dans l'extrême Nord pakistanais, dans le village de Dar Kot. Un dernier glacier nous sépare du Wakhan, que l'on a prévu d'aborder finalement par le milieu. Cent fois des informations alarmantes me commandent d'annuler l'expédition. Je ne peux m'y résoudre. Et puis subitement, en réponse aux attentats du 7 août contre leurs ambassades en Tanzanie et au Kenya, les Américains, qui en attribuent la responsabilité à Oussama Ben Laden, envoient soixante-quinze missiles Tomahawk sur l'Afghanistan. J'apprends la nouvelle devant le Wakhan. Je décide de tout arrêter. Thomas est furieux.

Quinze jours avant, les taliban sont entrés à nouveau dans Mazar-e-Charif et ont massacré près de quatre mille personnes. Des civils. Des enfants, des femmes... À côté des troupes taliban, les brigades arabes ainsi que des groupuscules pakistanais ont pris part à la tuerie.

L'ultime voyage afghan n'est pas pour tout de suite. J'abandonne Thomas et Simon à Islamabad pour aller rencontrer, en compagnie de Ludovic, le dernier homme qui tienne tête aux étudiants religieux, Ahmad Chah Massoud.

Massoud

Le Nord afghan est en feu.

Les taliban attaquent de toutes parts, mais, paradoxalement, voilà des semaines que nous ne faisons rien d'autre qu'attendre. Avec Ludovic, nous attendons Massoud. Le temps poursuit son lent effeuillage, au sud de l'Oxus, dans l'une des bases de défense du commandant. Les taliban sont à portée de tir.

Devant la terrasse où nous paressons, une rivière fraîche coule sagement. Une légère brise agite le sommet des arbres. Des hommes dorment sur des coussins. Des bribes d'histoires murmurées s'échappent d'un groupe de trois soldats. Même les armes semblent engourdies, posées sur les tapis bon marché. Le soleil traverse l'après-midi. Nos journées sont uniquement rythmées par les repas. Ludovic et moi bénéficions de quelques faveurs aux cuisines ; nous pouvons descendre nous y gaver de riz et de bouillon de viande avant les autres. Au petit déjeuner, peu après l'aube, riz et bouillon. La matinée passe, trois verres de thé, puis le déjeuner : riz et bouillon. L'après-midi est une formalité et avec le crépuscule on pense déjà à dormir. Des moustiques arrivent en nombre. Dîner. Piqûres, riz et bouillon.

Ça dure depuis presque un mois, nous sommes très entraînés. Nous avons attendu un hélicoptère au Tadjikistan. Une fois en Afghanistan, nous avons attendu un autre hélicoptère pour aller... au bon endroit. Et, depuis, nous attendons le *first man*, le commandant Massoud qui a, il faut le reconnaître, bien d'autres choses à faire. Attente, attente et encore attente. En tout, plus d'un mois, et l'on nous affirme encore que, inch Allah, Massoud sera là dès le lendemain. J'apprends que Bernard-Henri Lévy est à Douchanbe, au Tadjikistan. Nous nous parlons sur mon téléphone satellite. Il rencontre Massoud, descend avec lui dans le Panchir, remonte au Tadjikistan, et il rentre à Paris écrire deux pages dans *Le Monde*. Durant cette semaine-là, nous n'avons pas bougé de l'ombre des mûriers géants de Rwadja Baodine. Massoud ? *Inch Allah*, demain...

Alors, forcément, on s'adapte en surmontant des débuts de dépression nerveuse par la consommation quotidienne de très nombreux bonbons et de près de deux paquets de cigarettes japonaises. Ludovic et moi développons une acuité auditive hors du commun. Après quelques semaines, à force de guetter leur arrivée, nous savons discerner le bruit d'un tracteur de celui d'un hélicoptère, à plusieurs kilomètres. Quand approche un de ces antiques MI-8, les hélicoptères russes des forces de Massoud, sujets, plus que tout autre appareil du même type dans le monde, à la dure loi de la gravité terrestre, notre estomac se serre. Dans un des seuls efforts intenses de la journée, nos muscles se bandent, prêts à attraper sacs, caméra et

Nikon. Nous suivons l'appareil des yeux. Souvent, il ne se pose pas. Mais, le plus dur, c'est quand il atterrit. Quelqu'un vient invariablement nous annoncer que ce n'est pas le nôtre.

Et puis, un beau jour, Massoud arrive.

Subitement, la vallée s'anime. Il y a plus de soldats, plus d'armes et d'uniformes. Plus de commandants aussi. Des hommes au regard grave, des augustes, des grands et des truands. La plèbe et des jeunes héroïques. Massoud se distingue. Il est le centre, il ordonne. Il est celui que l'on suit et écoute. Il porte une veste militaire neuve et son *pacol* de laine en arrière.

Le jour même de sa venue, il reste enfermé de longues heures en compagnie de quantité de gens. Pour les prières et parfois pour se dégourdir les jambes, il sort de temps à autre. Alors, il passe devant nous sans manquer de faire un petit signe de la tête. Sourire. Son regard, durant quelques secondes... posé sur soi. Le premier soir, le commandant Massoud convie tous les commandants de la région sous l'ombre des grands arbres. Il y a Fahim et les autres. Assis sur les coussins épais, devant toutes sortes de fruits secs et de bonbons, ces hommes aguerris sont pendus aux lèvres d'Ahmad Chah Massoud. J'ai la surprise de retrouver le commandant Anwari du Harakat-e-Islami. C'est avec ses moudjahidin que j'étais entré clandestinement dans Kaboul en 1988. Je l'avais rencontré à Peshawar, jeune et amaigri par le djihad. Dix ans après, il se bat encore, fait partie des rares alliés de Massoud. Dix ans après... Anwari a les yeux las, il a grossi. Dans sa gentillesse tout afghane, il m'assure qu'il se souvient de moi. Ahmet, son frère, est en Iran. Lui vient de perdre un district de Bamiyan face aux taliban.

Dans le milieu de l'après-midi du deuxième jour de sa présence à Rwadja Baodine, nous apprenons que Massoud part inspecter la ligne de front. Convoi de tout-terrain fonçant dans la poussière du Nord. La ligne, la guerre, est à quelques kilomètres. Nous visitons d'abord une position d'artillerie installée sur le plateau d'Aï Khanoum, citée grecque fondée vraisemblablement au IVe siècle avant notre ère, aux confins de la Bactriane.

La garde rapprochée du commandant ne le lâche pas. Une demi-douzaine de malabars tiennent dans les battoirs qui leur servent de mains des kalachnikovs customisées qui paraissent toutes petites. L'un d'eux, Marouf, un géant au léger strabisme, nous a pris en affection, Ludovic et moi. Tandis que toute cette meute court derrière le grand chef, lorsque nos regards se croisent, le colosse a toujours ce sourire tendre. Un peu fatigué par tout ça.

Massoud marche vite. Lorsqu'il s'arrête, il observe, parle, tance et dicte. Il ne peut réprimer ce tic qui lui fait sans cesse hausser les épaules et nerveusement incliner la tête.

Ludovic et moi sommes surpris de l'entendre régler une multitude de détails qui devraient normalement avoir été traités par un sous-lieutenant quelconque. Rien ne semble lui échapper, et parfois les dialogues sont surréalistes. Sur les hauteurs de la rivière Kochka qui se jette dans l'Amou-Daria à une centaine de mètres au nord, il s'isole un instant. Il est seul, silencieux, face aux lignes taliban. Debout à côté d'une tranchée, il scrute la guerre. Sa silhouette vêtue d'un élégant *shalwar kamiz* (longue chemise et pantalon bouffant, habit traditionnel) est bercée par le vent tiède. Il porte ses deux mains sur les hanches, menton relevé, pivote de droite à gauche. À quoi peut-il bien penser ? Probablement toujours à la même chose, la guerre, sa guerre. Se défendre. La perplexité se lit sur son visage marqué par une vie de guérilla, bien trop longue. Sa peau est fendue par le dépit, le froid et le vent. Mais elle est hâlée, douce, nette. Ses yeux fins peuvent être durs ou malicieux, coquins, malins. Le nez tombe vers l'avant dans un bel arrondi. Sa barbe est assez pauvre. Massoud n'a pas la pilosité taliban.

Il est loin aussi d'en avoir l'esprit, l'intransigeance. Pourraient-ils s'entendre ? Avec certains dirigeants taliban, oui ! Sans aucun doute, ils rêvent du même Afghanistan, en paix. Mais d'autres représentants du mouvement sont trop tordus, trop noyés dans un islamisme opportun parasité par Islamabad, par de poussiéreuses conceptions saoudiennes. Non, Massoud ne peut faire qu'une chose face à ces gens-là, se battre. Parce qu'une partie du mouvement taliban n'est plus l'Afghanistan. Parce qu'il fait des prisonniers pakistanais, parce que des communications ennemies interceptées sont en urdu, la langue parlée au Pakistan. Parce qu'il y a eu des massacres de trop. Comme celui qui vient de broyer Mazar-e-Charif.

Sans espoir ? Pour l'espérance, Massoud se bat.

Pas un nuage ne souille le bleu du ciel. Massoud baisse la tête, s'arc-boute en faisant demi-tour et revient vers nous. Il s'adresse à un commandant de la vallée.

— Dans le dernier village que je viens d'inspecter, les défenses me paraissent bien faibles... les soldats sont trop dispersés. Ils sont assez nombreux mais pas suffisamment regroupés. Le poste de commandement n'est pas bien organisé... ses commandants se sont mal débrouillés... il leur faudrait de l'armement lourd...

Le commandant, humblement, bafouille une réponse :

— Dans ce village, là, nous avons creusé une quinzaine de tranchées. On va y installer un groupe fort pour défendre cette colline.

Massoud l'écoute à moitié. Son œil à cet instant est dur, presque mi-clos, las... celui d'un vieux chef. Il appelle un autre commandant :

— Hadji ? Où es-tu ?...

Hadji, Qasi Kabir, l'homme fort de toutes ces vallées du Nord, fidèle de Massoud, s'avance. Massoud poursuit de sa voix chaude au timbre râpeux, dans un persan calme, articulé :

— Bon, les soldats se sont beaucoup dépensés. Malheureusement, ils n'ont pas de grands chefs avec eux. Si nos ennemis occupent cette position, ils s'emparent de toute la région !

— J'ai pourtant attiré leur attention afin qu'ils se préparent. Je leur ai dit de prendre leurs dispositions, car cet endroit est à la fois une position défensive et un lieu de repos.

— Tu n'as pas de bulldozer pour creuser d'autres tranchées ? Pourquoi tu n'en utilises pas pour ramener la terre devant le poste et ainsi protéger les hommes ? Tu ne veux pas dépenser d'argent pour renforcer des positions vitales ? Dès cette nuit, je donne des ordres pour que le bulldozer soulève la terre et que l'on bâtisse des murs. Tu y veilleras personnellement !

Soucieux, Ahmad Chah, qui s'est assis dans la poussière, se tourne vers un autre homme, debout.

— Toi, tu construis un poste de commandement ici ! Tu imagines si les taliban débarquaient maintenant ? Où pourrait-on se cacher ? Tu sais bien que si le poste de commandement se taisait deux minutes, l'ensemble des positions courrait un grand danger en l'absence d'instructions...

Plus personne ne l'ouvre. Massoud joue, impatient, avec le chapelet qu'il ne quitte jamais.

— Bon. Il faut sécuriser ce village en installant plusieurs postes de tir le long de la route. Ensuite, on va poser le plus gros des armes lourdes ici. Ce sera le point fort de notre ligne de défense. L'autre point fort devra être de l'autre côté du village, on pourra ainsi contrôler la plaine là-bas... et la route afin d'envoyer des hommes plus avant.

Le bracelet de sa montre est trop lâche, elle lui tombe sur le dos de la main et régulièrement, d'un geste vif du poignet, il la remet en place.

— N'oubliez pas de laisser des forces en réserve là-bas...

Il se lève.

— Ce soir, nous ferons des essais de tir pour vérifier la portée des canons.

C'est à l'avenant, des heures entières, sous le soleil fiévreux des premières lignes. Plus au sud, les invectives continuent sur un piton pelé où étouffent de chaleur une dizaine de moudjahidin en guenilles. En bas, la rivière Kochka marque encore la ligne de front. Au-delà, c'est une plaine nue où l'ennemi invisible est tapi. On aperçoit de notre perchoir la piste d'atterrissage de l'aérodrome de Rwadja Ghar. Une carcasse d'avion y rouille. Un trouble silence plane sur ce paysage, sur la plaine hostile en face, à perte de vue, sur les dômes de lœss, montagnes naines sculptées par les pluies, de notre côté. Ici les hommes n'ont pas grand-chose, une kalachnikov chacun et une mitrailleuse de 12,7 mm pointée vers l'ouest. Un mortier également qui, décrète Massoud, ne sert à rien. Le commandant partira l'installer ailleurs.

Le soleil assèche gosiers et narines. Massoud et quelques hommes se glissent dans l'unique casemate de la position. Murs de mauvaise terre, tapis au sol, odeur de pieds. Dans un coin, une peau de chèvre cousue garde une eau opaque. À bouillir. Un des soldats de l'endroit va préparer du thé. Un autre arrive avec quatre pastèques et un grand couteau. Qasi Kabir est assis non loin de Massoud, qui entreprend de raconter une anecdote de sa guerre contre les Russes à un « journaliste » iranien placé près de lui. L'Iranien rit à l'histoire. Il tripote dans ses mains l'énorme paire de jumelles qu'il trimballe depuis ce matin. Je suis installé en face d'eux.

De ses doigts fins, Massoud saisit les humides morceaux de pastèque. Distraitement, il recrache les pépins dans une tasse, puis, désignant le fruit, il lance dans un français timide :

— Comment dit-on ça en français ?

Je suis un peu pris de court.

— ... Pastèque !

Ludovic a branché micro et caméra. On enchaîne, dans notre langue, toujours.

— Commandant, n'est-ce pas une bataille perdue que vous livrez aux taliban ?

— Non !...

Le mot est sec, envoyé sans une hésitation. Il poursuit en français, lentement, détachant plus encore les mots qui lui reviennent doucement à l'esprit.

— La population... est avec nous. Elle veut se battre contre les taliban. Elle a vu ce que les taliban font... Les gens sont avec nous. *Inch Allah*, nous pouvons nous battre.

— N'est-ce pas difficile de continuer à se battre depuis vingt ans ?

— C'est difficile... je parle persan, d'accord ? C'est plus simple pour moi...

Il regarde la caméra et s'adresse en persan à un de ses aides qui doit maintenant assurer la traduction.

— C'est difficile pour moi, mais également pour la population. Pourtant, lorsqu'un groupe aussi sauvage que les taliban veut gouverner le pays, lorsqu'un peuple est ainsi agressé... il est très difficile de l'admettre. Les jeunes, les vieux, des gens instruits sont prêts à résister contre les taliban.

— Qu'est-ce qui était le plus éprouvant, se battre contre les Russes ou contre les taliban ?

— Naturellement, il était plus dur de se battre contre les Russes, mais l'aide internationale et le soutien unanime de la population facilitaient les choses.

— Comment analysez-vous l'apparition des taliban ?

— La principale raison de leur émergence est d'origine étrangère. Les services secrets pakistanais et les compagnies pétrolières qui veulent faire passer un gazoduc à travers l'Afghanistan ont créé ce mouvement. Quant à savoir si par la suite le Pakistan ou ces multinationales pourront maîtriser les taliban, j'ai des doutes. Je suis convaincu que chaque jour, les taliban échappent un peu plus au contrôle des Pakistanais et des pays qui les soutiennent. Le jour viendra où les taliban seront les pires ennemis des pays qui les ont aidés.

— Vous ne pensez pas avoir également une part de responsabilité dans leur apparition ?

— Les divisions internes des moudjahidin ont sans doute joué un rôle dans la création de ce mouvement par des pays étrangers... Je me battrai jusqu'au bout pour mon pays et pour la libération de mon peuple.

Nous quittons la ligne de front lorsque la lune monte dans l'obscurité. Le lendemain, nous refaisons une autre interview de Massoud, plus longue, mais le ton reste le même : un discours préparé, peu de spontanéité. J'imaginais que cette relative sécheresse était due au fait que nous ne le connaissions pas, que c'était la première fois. Mais Christophe de Ponfilly, qui réalisa de nombreux reportages sur lui dès 1984, m'a confirmé que le commandant n'est pas un homme qui se livre.

Massoud va partir de Rwadja Baodine comme il est venu. À peine avons-nous le temps de le filmer montant dans son hélicoptère. Alors que les moteurs sont allumés, il nous promet un appareil pour descendre dans le Panchir dès le lendemain. Nous espérons pouvoir y aller avec lui.

L'attente reprend sous les mûriers géants.

C'est à ce moment qu'un groupe de civils arrive à

Rwadja Baodine pour attendre, lui, un vol pour le Tadjikistan. Il y a ce petit homme à l'étrange coiffure. Il porte comme un casque, d'épais et longs cheveux noirs qui camouflent ses oreilles. On devine un front haut, mais une mèche le recouvre entièrement, jusqu'à voiler le regard espiègle du personnage. Deux immenses yeux marron, lumineux de malice, et pourtant on y devine autre chose, un soupçon, oui, peut-être bien... de folie. Il a la trentaine, probablement. Pas très grand, maigre. Visage coquin, serré entre cette crinière ébène et une barbe volumineuse. Le petit homme n'a pas une apparence commune, ici. Il sourit constamment, des yeux et de la bouche. Sa voix est un peu rauque, son rire unique et long. Il raconte des blagues et, alors que les personnes qui l'entourent ont fini de rire, lui continue de se tordre, ravi. Il porte une veste de costume sombre trop large pour lui. Des manches émergent deux mains ténues, osseuses, aux doigts allongés. Ce petit homme est un magicien. Il connaît des contes, mais aussi des devinettes, des blagues spirituelles très longues et des fables mathématiques qui, par le concours voluptueux de la langue persane, deviennent poétiques. Et le petit homme dit l'avenir. Pour cela, il fait croire qu'il le voit dans les lignes de la main. Il est bien étrange de vouloir connaître son avenir. Et ici c'est bien incongru.

Le petit homme insiste.

Mais non, vraiment ! Nous ne sommes pas tirés d'affaire. Le bruit des explosions sur la ligne de front nous parvient quand le vent est favorable. C'est la guerre... pourquoi laisserais-je le petit homme me regarder les mains ? L'ennui, c'est que tout le monde y est passé, même Ludovic. Je cède. À une seule condition :

— Si tu vois ma mort... ne me le dis surtout pas !

Évidemment, il rit. Ce n'est pas la mienne qu'il a vue.

Il attrape mes mains et se concentre. Ses yeux sont grands ouverts. Il me tient fermement, ouvrant les paumes au maximum afin de souligner chacune des lignes. Les paumes pâlissent et les lignes rougissent. Sans un mot, il observe, passant de l'une à l'autre sous le regard de l'auditoire à qui il a déjà dit tout son avenir. Le petit homme est plongé dans un autre univers.

— Vous savez, me dit un des spectateurs, ancien ingénieur à Kaboul, c'est un magicien, il sait même voler !

Le petit homme relève la tête. Ses yeux fondent dans les miens comme pour observer ma réaction. Il a un léger sourire, presque invisible, intérieur. Il ne dit rien, ne dément pas et ne confirme pas plus. Puis l'étrange personnage m'annonce soudain trois choses. Prédiction dont je ne me moque pas, mais que je reçois avec une indifférence quelque peu gênée. Comment peut-on avoir conscience, un jour, qu'un homme est en train de vous dire ce qui va se passer trois ans plus tard ?

Après une semaine, aucun hélicoptère n'est venu nous chercher. Massoud ne réapparaîtra plus. Nous prenons la décision de rentrer à Paris. Il nous faut traverser l'Oxus pour rejoindre le Tadjikistan. Le point de passage est à trois kilomètres de la ligne de front, juste derrière le plateau d'Aï Khanoum.

Ludovic veut y faire des images, aussi nous empruntons, en jeep, le chemin conduisant à la ligne d'artillerie. Soudain, ce bruit terrible, instantanée déchirure de métal ; un obus de mortier atterrit à ce moment précis dans la maison de terre devant laquelle nous venons de passer. Ce tir nous visait délibérément. Raté de peu. En un instant, je comprends. En face, des serveurs taliban tentent de toucher notre véhicule. Nous soulevons un monumental nuage de lœss.

Panique totale sur les cinq cents mètres qui restent à parcourir. Cible facile, cible sans échappatoire, à la merci du talent de viseur d'un barbu et d'un chauffeur mou. Je suis terrorisé. En une fraction de seconde, un obus, trop rapide pour être vu, peut émerger du ciel bleu. C'est intense. La voiture patine dans la poussière grasse. Nous sommes lents, mortellement lents. Non ! Pas maintenant, pas comme ça. C'est trop bête. Moment éternel, la barre métallique du dossier dans les reins, je suis encastré dans une grappe de soldats ouzbeks qui en a vu d'autres. Indescriptible peur, j'ai l'envie mordante d'être à quinze vallées de là, les pieds dans l'eau d'un frais ruisseau, à boire du thé. Mais aujourd'hui, les « Tango Forces », comme on appelle les taliban ici, tirent comme des pieds.

Sur le plateau, j'attends, pétrifié, que Ludovic fasse ses images. Je n'ai plus envie d'aller chercher... je ne sais trop quoi d'ailleurs, sur une ligne de front. Plus maintenant ! C'est trop incohérent. Plus on approche des zones de combat, plus la guerre est réelle, son bruit inhumain, son odeur écœurante. Les armes, fascinantes, acquièrent dans l'usage une violence inouïe. Les hommes des premières lignes font peur. Ils ont ce regard de suicidé non consentant, et l'on ne sait plus si c'est la poussière ou le voisinage de la tombe qui donne cette couleur cireuse à leur peau. La ligne de front est un endroit effroyable, mais la promiscuité avec les soldats qui y vivent est plus terrifiante encore : ces ombres autour de moi, dans le crépuscule d'Aï Khanoum. Pourquoi ne s'enfuient-ils pas instantanément ? Chaque être doté d'une once de cervelle devrait en avoir envie. Rester en cette compagnie trop longtemps, c'est prendre le risque de ressentir du plaisir à se relever, tendre les bras au ciel, danser et gueuler, juste après qu'un obus s'est écrasé à dix mètres : « Allez, pauvre connard, fais un effort, tu m'as encore raté ! » Comme ce grand-là, aux yeux jaunes, alors qu'il a à peine baissé la tête à la dernière déflagration, et qu'il rit ! Il me fait peur. Autant que les tirs ennemis. Œil rougeâtre, peau sèche. Les odeurs de fatigue, de sueur acide et d'effroi imprègnent les vêtements.

Il fait nuit noire quand nous quittons Aï Khanoum.

Le village attenant s'appelle Dasht-e-Qalat, nous y passons la nuit. À l'image des villages afghans, c'est une longue rue centrale bordée de boutiques. Y déambule une foule compacte, les hommes de Massoud. Un grand nombre rejoint les lignes de front, mais certains ne sont là que pour ramasser les miettes que la guerre du Moyen Âge à laquelle on se livre ici ne manque pas de laisser. C'est qu'entre armes, munitions, nourriture et drogue, il y a de l'argent à se faire. Et Massoud n'a pas d'autre choix que de compter aussi sur ces trafiquants pour tenir, encore tenir. Combien quitteront le navire à la première forte tempête ? Combien reviendront de nulle part à la première victoire ? Évidemment, Massoud le sait, on l'a bien souvent trahi. Mais il peut compter sur un noyau dur d'hommes à lui. Les autres, il les achète. Il ferme les yeux sur leur trafic.

C'est l'Afghanistan.

Les bruits de la bataille que l'obscurité réveille parviennent épisodiquement jusqu'au village ; les craquements secs et violents des obus qui arrivent. Au loin, sur Aï Khanoum, les lueurs rougeâtres des explosions et des tirs redoublent d'intensité après la dernière prière du soir. Ce n'est pas un pilonnage effroyable. Non ! Quelques volées de tirs, espacées. Puis de longues plages de silence avant que le feu revienne. C'est meurtrier, un peu. Mais au-delà de l'économie probable de munitions, de part et d'autre, ces duels d'artillerie et d'armes légères sapent les nerfs des plus endurcis. Pas moyen de dormir. Ou par fragments. Épuisant.

Dasht-e-Qalat reçoit par moments une salve d'obus. Sur le bazar, sur une habitation, dans une ruelle. On entend les impacts alentour depuis la maison où nous allons attendre l'aube. Cette légère tension n'empêche pas le sommeil de venir.

Engagements

Pour quitter l'Afghanistan, il faut traverser l'Amou-Daria plusieurs kilomètres en amont du plateau d'Aï Khanoum. Le chemin qui y mène n'est pas bien large. Les véhicules de toutes sortes l'ont doucement transformé en piste infâme. Les ornières sont par endroits profondes comme le bras. Depuis Dasht-e-Qalat, Ludovic et moi faisons du stop. Un camion nous prend. Après un kilomètre, une troupe fait arrêter notre guimbarde une nouvelle fois. Ce sont des soldats, fort excités : ils tiennent un prisonnier ! Le malheureux est torse nu, le visage tuméfié. Les soldats montent à l'arrière, dans la benne. La peur se lit dans les yeux du détenu. On le dépose devant une casemate sommaire équipée d'une radio : le poste de commandement du port.

Il règne une effervescence incroyable sur cette vaste plage de limon. La majeure partie de la logistique de Massoud passe par ici. Sur trois cents mètres, une grève permet l'accostage. Puis la berge remonte jusqu'à un piton de roche. À son sommet, il y a près de deux millénaires, les Kushans y ont construit un fort. On en distingue encore les fondations.

Des centaines d'hommes traînent dans ce dépotoir de transit bordé du tumultueux Amou-Daria. L'autre côté, le Tadjikistan, n'est qu'à deux cents mètres. J'y vois des camions stationnés et des mouvements de troupes. Du nôtre, les berges sont occupées par des radeaux, une bonne centaine de radeaux, tous sur le même modèle : une armature de branches agencée en carré, ficelée et flottant sur plusieurs chambres à air de camion. Le pont de ces barges de fortune est tapissé de paille. Quatre hommes sont nécessaires pour les diriger à la pagaie. Si l'on se laisse porter par le courant, on file droit, trois kilomètres plus bas, sur les lignes taliban. Ça souque ferme !

Il est strictement interdit de filmer ou de photographier. Les Afghans s'en moquent, mais non loin, les gardes frontière russes de la 201e nous surveillent à la jumelle. Contre le fort kushan, des centaines de fûts d'essence attendent sous la chaleur. Nous passons devant des sacs de sucre, des caisses de munitions. Tous calibres ; des petites boîtes de conserve rectangulaires pour les kalachnikovs jusqu'aux très longues caisses de bois des missiles d'« orgues de Staline ». La plupart de ces boîtes portent des inscriptions en cyrillique, les autres en iranien. Il y a peu de gros stocks sur la berge. Armes et munitions, sitôt débarquées, repartent en camion pour les différents fronts, jusqu'au Panchir par la route montagneuse du Badakhshan.

Les gardes frontière russes sont prévenus des transits par radio. Dans le cas contraire, ils tirent ! Ici, la règle est de faire fortune en un minimum de temps. Journaliste ou humanitaire, il faut payer pour naviguer... et cher ! Le chef des barges demande cent dollars ! Nous jetons nos sacs sur la paille et embarquons sur le bien frêle esquif. Le courant est très fort. Assis inconfortablement, les quatre Afghans pagaient avec vigueur dans l'eau grise. Ludovic regarde s'éloigner la terre afghane.

Trois soldats russes observent notre accostage sur leur rive. Un grand blond torse nu, kalachnikov en bandoulière, se tient déhanché, le ventre en avant comme un vrai dur. Un autre en T-shirt militaire, treillis et rangers, arbore une solide paire de Ray-Ban aux verres fumés et tient des jumelles à la main. Le dernier bâille, tout rouge sous le soleil. Leur doberman est loin d'être accueillant. Un jeune lieutenant musclé s'avance en souriant.

— Passeports !

Nous les lui tendons.

— Bien ! Attendez là !

Indifférents à notre arrivée, une vingtaine d'Afghans poursuivent le déchargement d'un camion. Les caisses de munitions sont jetées n'importe comment sur la berge. Certaines se cassent, d'autres disparaissent dans l'eau. Le Russe aux verres fumés, sans bouger de son promontoire, ordonne qu'on plonge les rechercher. Le « volontaire » tâtonne dans la vase, boit la tasse et remonte finalement le butin.

Ce poste frontière est totalement fermé, interdit. Si nous avons pu malgré tout passer, c'est grâce à l'intervention de l'ONG française Acted, très présente dans le Nord afghan. Jamais nous n'aurions dû être témoins de tout cela, de l'organisation de l'une des filières d'armes de Massoud. Il est très cocasse tout de même de voir les Russes – contre lesquels Massoud s'est battu durant tant d'années – être aujourd'hui un de ses seuls alliés contre les taliban !

Massoud ! Quel personnage insolite. Quelle étrange fascination aussi que celle qu'il inspire ! En Afghanistan, ses hommes le vénèrent ; à l'étranger, en Europe, en France surtout, on lui fait incarner un Afghanistan mythique. Portrait romantique un peu exagéré d'un homme au destin remarquable. C'est à l'Afghanistan d'écrire l'histoire d'Ahmad Chah Massoud. Elle le fera avec honneur.

Le film que nous avons réalisé sur lui avec Ludovic est diffusé sur Arte en novembre 1998. Quelques mois plus tard, je rencontre un homme qui va jouer un rôle auprès de Massoud. Ou n'est-ce pas plutôt Massoud qui va jouer un grand rôle pour lui ? Je l'appellerai Najibullah, le nom qu'il s'est choisi en Afghanistan. En ce printemps 1999, il veut partir là-bas. Il veut y combattre. Il est français.

Le soleil pousse les Parisiens aux terrasses des cafés. Je rejoins Najibullah et notre ami commun au bistrot qui fait face à l'École polytechnique. Najibullah semblerait presque inoffensif, si l'on se fiait aux apparences. C'est un militaire français... jusqu'en juillet, date à laquelle il a décidé de rendre son tablier. Âgé de vingt-huit ans, il a déjà une carrière exemplaire. Mais tout cela ne l'intéresse plus. Ce capitaine dans la Légion étrangère veut être utile, s'engager. Que sait-il faire sinon se battre ? Et fort bien, paraît-il.

— Mais pourquoi l'Afghanistan ?

— J'ai lu Kessel ! J'ai vu *L'homme qui voulut être roi* avec Sean Connery. Ça me travaille depuis quelque temps. On entend beaucoup parler d'offensives des taliban... Je me dis que je pourrais y aller, on verra bien. Je vais peut-être trouver là-bas ce que je n'ai pas trouvé dans l'armée française !

Nous passons quelques heures ensemble. Je lui parle du pays, de sa complexité, de sa beauté. Je lui parle du Nord et de Massoud. A priori, c'est plutôt de ce côté-là qu'il pense aller, me dit-il avec un sourire en coin.

Un courant d'air remonte la rue de la Montagne-Sainte-Geneviève et emporte le ticket que l'on avait mal coincé sous le cendrier.

Au jour dit, Najibullah a remboursé ses dettes, libéré son appartement, vendu ses meubles comme s'il pouvait ne jamais revenir... ou, à tout le moins, partir tranquille et pour longtemps ! Najibullah va devenir l'instructeur secret des armées de Massoud. Le seul mercenaire français du Panchir.

Dès son premier jour dans le pays, il rencontre un des proches de Massoud, responsable de l'accueil du groupe de journalistes avec lesquels il est entré en Afghanistan. Il lui annonce qu'il n'est pas vraiment journaliste mais qu'il souhaite rendre service et voir le commandant pour parler d'affaires militaires. On lui fait répéter son histoire une première fois et répéter encore. Il va devoir attendre.

Puis c'est la rencontre. Najibullah explique à Massoud son parcours, lui demande s'il peut servir à quelque chose. Il lui dit n'avoir pas de liens particuliers et être disposé à rester longtemps. Massoud réfléchit et, après plusieurs jours, l'envoie dans un camp former des jeunes au combat au corps à corps et aux tactiques de base. Ces premiers temps, Massoud le teste mais sans jamais lui tendre de piège.

Najibullah n'a qu'une volonté : instruire les hommes et, en contrepartie, les accompagner au front. Il ne demande pas de responsabilités spéciales de commandement, mais veut être de la bagarre et gagner la confiance de Massoud. Il souhaite ardemment apprendre à ses côtés la réalité des combats que les régiments français ne lui ont pas fait connaître. Mais Massoud n'y est pas favorable ; un Français tué ou fait prisonnier servirait trop bien la propagande taliban. C'est une époque où Radio Charia, la radio des taliban, affirme qu'il y a des instructeurs russes, iraniens et français dans le Panchir. Il faut bien reconnaître que Najibullah est instructeur et français. Mais il est seul et n'est pas venu au nom de l'État français. Nuance que les taliban ne goûtent guère.

Najibullah gagne la confiance de ses compagnons. Il se voit confier la formation des commandos de Massoud. Ces garçons de dix-sept à vingt-six ans, panchiris pour la plupart, ont parfois une expérience du combat et souvent un ou plusieurs parents martyrs, tués pendant l'occupation soviétique, la guerre civile ou le règne taliban. Il encadre une petite réserve de jeunes bien costauds et extrêmement dévoués qu'il spécialise dans la pose des mines ou le maniement d'explosifs. Il devient *Ustad Najib*, le professeur.

Najibullah va finalement vivre la guerre. Il se battra et sentira le feu de l'ennemi. Son engagement ira très loin. Lors d'une longue nuit de vadrouille dans Paris, il m'en raconte les moindres détails.

— Les taliban, je les ai d'abord vus sur des photos dans les magazines. Puis ce furent des cadavres sur le bord des routes. Ensuite, des prisonniers abrutis et des voix à la radio. Et finalement, des silhouettes dans une lunette de tir !

Alors que Najibullah entame son aventure de partisan auprès de Massoud, je repars à Kaboul durant l'automne 1999 afin de réaliser un nouveau film pour Arte... du côté taliban. L'affaire ne sera pas simple.

Pour les Français, l'histoire récente de l'Afghanistan est une histoire de passion et d'engagement. Un engagement ultime comme celui de Najibullah, d'autres, douloureux, comme ceux de Khaled Majrouh, Christophe de Ponfilly, Patrice Franceschi, ou ceux de ces centaines d'humanitaires qui depuis tant d'années risquent leur vie. Ils portent tous en eux un petit peu plus de feu que nécessaire. Parce que c'est l'Afghanistan, parce que cette terre veut cela. Ce pays fut longtemps oublié, laissé à son sort. Les Russes partis, les Afghans se sont déchirés dans l'indifférence. Puis les taliban arrivent, ils entrent dans Kaboul, cristallisant la prise de conscience de ces femmes et de ces hommes qui, en France, soudain se mobilisent pour un pays que la plupart n'ont jamais arpenté. Fascinés par ces résistants. Ces hommes indestructibles, un homme indestructible...

Philosophes, politiciens, parlementaires, journalistes ou simples citoyens se soulèvent face aux taliban. Certains poussent jusqu'au Panchir, une poignée y revient. Et ils dénoncent. Pendant ce temps, à Islamabad et ailleurs, j'entends ceci : « Nous avons des contacts avec les taliban, à haut niveau. Nous savons très bien ce qu'ils représentent. Mais vous connaissez comme nous l'image négative qu'ils véhiculent en Europe. Pour l'instant, nous nous contentons de maintenir un dialogue discret, mais, officiellement, nos politiques ne peuvent prendre le risque d'affronter une opinion occidentale totalement antitaliban en reconnaissant leur gouvernement, par exemple. Et pourtant, nous savons bien qu'ils en ont la légitimité. »

Dans les milieux diplomatiques, les opinions ne sont pas tout à fait les mêmes que celles des médias de l'Hexagone. Depuis l'arrivée des taliban, le regard porté au quotidien sur l'Afghanistan par notre chancellerie, les humanitaires et la majorité des spécialistes de terrain tend vers une plus grande prise en considération des réalités locales. L'objectif est avant tout de travailler en Afghanistan, d'avoir accès aux Afghans et de ne pas rompre les contacts. Les principes du droit des personnes et en premier lieu du droit des femmes ne sont évidemment pas négligés, mais mis en perspective, adaptés au contexte afghan. Les travailleurs humanitaires constatent, par exemple, chaque jour que la situation des femmes afghanes vivant sous l'autorité des taliban n'est pas si différente de celle de leurs sœurs installées dans les zones de l'opposition. Alors que va-t-il se passer ? Où conduit cette logique de refus idéologique mutuel ?

Pour beaucoup de femmes afghanes, le port de la burqa est humiliant. À la fois, parce qu'elle les recouvre de la tête aux pieds et parce qu'elle leur est imposée. Mais ce ne sont pas les taliban qui l'ont créée. La burqa est une invention de la bourgeoisie kabouli du début du siècle. Les belles avaient choisi ce vêtement distinctif pour se soustraire au regard des hommes. Certaines femmes, à Kaboul, ont connu le temps des jupes courtes, à l'époque communiste. C'est pour elles que les taliban sont insupportables, comme l'étaient d'ailleurs les moudjahidin dès 1992, quand ils libérèrent Kaboul. C'est à partir de cette date que leur condition a commencé à régresser. Les taliban sont allés plus loin, en leur interdisant notamment de travailler.

Mais le cauchemar de l'Afghanistan, c'est la misère. Ces gens qui quittent le pays ne fuient pas les taliban, mais la pauvreté. Il ne faut pas réduire le problème de l'Afghanistan au sort des femmes. Ici, ce sont les droits de l'homme tout entiers qui sont bafoués.

Mon tournage en Afghanistan est difficile. Les taliban interdisent de filmer les êtres vivants. Je parviens néanmoins à rapporter quelques images, des témoignages intéressants. Je filme en cachette à Kaboul, au sud de Bamiyan ainsi qu'à Djalalabad, à l'aide d'une petite caméra. Ce reportage va choquer certaines de ces personnes, en France, qui se battent pour le peuple afghan. Et j'en suis affecté. Car je trouve cocasse que des gens ayant cette démarche admirable de se lancer dans un engagement pour un peuple martyr refusent d'entendre ceux qui mènent sur place, et à plein temps, ce combat contre la misère, l'ignorance et la discrimination.

J'ai peur aussi que tout cela ne finisse mal.

Boulevard Saint-Germain

Je suis fasciné ! Comme on l'est par l'ombre et la mort. Ma vie s'est transformée, la sienne également. Nous sommes amis maintenant et partageons une confiance réciproque, mais notre engagement afghan n'est pas le même. Najibullah a changé. Mise discrète et costume léger, il évoque un animal au regard aiguisé, calme mais déterminé, chef de meute incontesté... Najibullah est un loup. Il réapparaît chaque fois comme cela, brutalement, sans préliminaire. On se retrouve dans l'heure et l'on parle interminablement. Le boulevard Saint-Germain se vide. Nous sommes à une terrasse, seuls face à la Société des explorateurs français dont les fenêtres, voisines de celles de la Société de géographie, sont closes à cette heure tardive de la nuit. Les verres vides s'accumulent sur la petite table ronde, des effluves de cigares nous enveloppent. Il fait un peu frais. Des heures durant, il me livre son engagement auprès de Massoud. Nous sommes en l'an 2000 et l'été approche. Najibullah a tué.

« Au printemps, j'avais en charge la formation et le perfectionnement des tireurs d'élite. L'arme, le

Draznof, comme ils disent là-bas, c'est le SVD Dragounov. Une arme russe d'une grande portée. Elle permet d'atteindre une tête jusqu'à six cents mètres et un homme debout jusqu'à huit cents. Au-delà, le tir devient très courbe, mais on peut toucher un nid de mitrailleuse sur le toit d'une habitation ou un pick-up à découvert... comme on tente un panier à trois points au basket ! »

« Le premier taliban que j'ai tué... Oui, je m'en souviens. Je pense qu'il est important que je m'en souvienne. J'étais venu avec une petite équipe. Trois binômes dont j'étais le chef de groupe. Nous avons retrouvé le commandant d'un poste que je connaissais bien, sur la ligne de front. Ce jour-là, je voulais faire le tir moi-même. Mais, à la fin de la matinée, aucune cible ne s'était présentée sous les drapeaux blancs des taliban. Je m'apprêtais à partir déjeuner. Le commandant, attristé par le calme du secteur ce jour-là, m'a dit : “Attends ! Si tu veux, j'ai le moyen de leur faire sortir la tête.” Il a quitté le baraquement où nous étions cachés. Muni d'une espèce de canon sans recul qui tire des munitions chinoises de 82 mm, il s'est avancé dans le no man's land. Il a tiré sur le poste le plus proche, en vis-à-vis. Il m'a dit plus tard qu'il n'aimait plus le faire, parce que la déflagration était intolérable pour les oreilles. Il l'a vraiment fait pour moi. En face, ils avaient une AGS 17, un lance-grenades sur trépied, assez efficace. Les taliban sont effectivement sortis pour riposter. Ils se sont positionnés autour de leur arme dont nous ne distinguions que le bout du canon. Ils étaient protégés par un mur, mais je voyais très bien l'homme à la gauche de l'arme, dans l'embrasure qui leur permettait de tirer. Bien visible, de la ceinture jusqu'à la tête. La distance, je la connaissais déjà : 850 mètres. En tirant une traçante, plus tôt dans la matinée, j'avais noté une dérive à gauche de deux millièmes. Ils nous avaient bien repérés. Leur grenade est partie. Bonne distance, mais dix mètres trop à droite. Nous étions au premier étage. Plus tard, par la fenêtre, j'ai vu l'étoile noire laissée par l'explosion sur le bitume de la route. Mon arme était réglée. J'étais sûr de moi. Dans la ligne de mire, un créneau de un mètre sur un mètre, avec un homme à l'intérieur qui observe le résultat de son tir. Mon cœur battait doucement. J'ai pris mon temps, quelques petites secondes, je me suis appliqué. Position stable, inspiration, mouvement du doigt. Le type était toujours là. J'ai expiré un peu, j'ai retenu mon souffle. Silence. Mon doigt a encore avancé. Le coup est parti. Pendant une fraction de seconde, le taliban a disparu de mon champ de vision. Mais il n'avait pas bougé. Je l'ai vu à nouveau, il vivait encore. Puis il est tombé en arrière, figé, comme une cible qui bascule. Le projectile lui a fait un petit trou de sept virgule soixante-deux millimètres, quelque part dans la poitrine ou dans la tête. Il ne s'est pas tourné, comme s'il avait été blessé au bras. Il ne s'est pas accroupi sous le sifflement de la balle. Il est tombé. Raide mort. C'était lui mon premier.

« Je n'ai ressenti ni haine ni joie à ce moment-là. C'était l'application d'un travail de technicien. J'étais là pour ça ! J'avais réfléchi bien avant à ce que tuer signifie. J'avais accepté en contrepartie l'idée, pour moi aussi, d'une mort violente. Aujourd'hui, c'était lui. Demain, ce sera peut-être moi. Il n'a probablement rien entendu. A-t-il vu le départ du coup, quand une flamme est apparue à la bouche de mon canon ? Je ne sais pas. Je me dis que je dois me rappeler comment ça s'est passé. Parce que c'est important. Mais ce n'est pas une scène qui m'obsède. C'est une ligne de front, pendant une guerre. Le taliban sert une arme qui a fait plusieurs victimes. Une arme qui a tué et qui tuera peut-être encore. Ce qui me gêne un peu, c'est la provocation. C'est le commandant qui tire pour que les mecs d'en face réagissent. Mais bon, fallait-il que je l'égorge au couteau pendant son sommeil ? Et puis je n'ai pas eu le temps de me poser trop de questions. Ses amis, pour le venger, ont tiré dans notre direction avec tout ce qu'ils avaient. Preuve supplémentaire du succès de mon premier tir. Alors je me suis appliqué à nouveau sur les toits des maisons, où ils ont perché leurs mitrailleuses, plus loin encore. J'avais des traçantes, et j'ai shooté à trois points, pour les faire taire.

« Il y avait des échanges de prisonniers entre nous et les taliban. Le Croissant-Rouge faisait comme il le pouvait son travail d'intermédiaire. Dans le Panchir, le directeur de la prison mettait un point d'honneur à ce que les prisonniers mangent la même chose que les gardiens. Ils sortaient régulièrement pour se laver à la rivière et prier au grand air. Ils étaient détenus dans de bonnes conditions. Tous les deux ou trois mois, un émissaire taliban leur rendait visite et leur distribuait de l'argent. Même procédure des deux côtés. Chez nous, le plus vieux prisonnier était un ex-ministre communiste, un tortionnaire notoire. Les listes d'échange comportaient des noms, avec dates et lieux de naissance. Massoud proposait de récupérer les prisonniers faits par les taliban à Mazar ou à

Bamiyan. Eux ont un jour présenté une liste de types tous nés au Pakistan. Massoud a refusé. Il ne voulait échanger des Afghans que contre des Afghans.

« Sur la ligne de front, on magouillait un peu. Il faut se mettre à la place du chef de poste qui vit sous les obus et les roquettes. Généralement, les taliban attaquaient, puis on allait chercher leurs cadavres, blessés et prisonniers. En petit nombre bien sûr, mais il y en avait à chaque offensive. Les taliban payaient pour récupérer leurs morts et les enterrer en martyrs. Les prisonniers étaient interrogés et évacués vers l'arrière. Il est arrivé que le chef de poste achève un blessé ou abatte un prisonnier pour monnayer un cadavre. Il faisait ça dans l'action. Il ne fallait pas que ça se sache, c'est tout. À la fin des combats, on rendait compte à Massoud du nombre de prisonniers et des pertes estimées de l'ennemi. Grâce à Dieu, nos pertes à nous étaient toujours minimes. Le lendemain ou le surlendemain, le chef de poste prenait contact par radio avec son vis-à-vis taliban et lui disait qu'il pouvait venir reprendre les dépouilles. Les taliban offraient entre cinq cents et trois mille dollars par cadavre au chef de poste, qui partageait avec ses hommes. Par contre, je crois que les moudjahidin n'ont jamais donné d'argent en échange d'un de leurs cadavres. Mais ils avaient beaucoup moins l'occasion de le faire. Ce n'étaient pas eux qui attaquaient et ils savaient se replier en bon ordre, sans rien laisser derrière, et surtout pas un frère à l'agonie.

« Je me souviens d'un Saoudien mort lors d'un assaut, en combat très rapproché. Nos gars avaient protégé son corps du soleil après avoir ramassé ses chaussures, sa kalachnikov, un papier écrit en arabe, son pistolet et son talkie-walkie. Tout montrait que c'était un chef... Dès que les moudjahidin se sont aperçus de l'importance de ce cadavre, ils ont fait comprendre aux taliban qu'ils l'avaient, qu'ils n'étaient pas pressés et qu'ils voulaient négocier. Je crois qu'ils en ont obtenu trois mille dollars. On ne pouvait pas en parler ouvertement. C'était une réalité, mais tabou ! En islam, la sépulture est très importante, surtout pour un soldat considéré comme un martyr. Peut-être que les taliban ne voulaient pas laisser ce genre de trace derrière eux.

« Les étrangers, ceux qu'on appelle les “Arabes”, c'est-à-dire les Saoudiens, Égyptiens, Algériens et autres, ne venaient pas pour conduire des camions. Ils venaient pour se battre. Ils étaient d'ailleurs considérés comme de bons adversaires et étaient redoutés de l'Alliance. Présents en grand nombre à Kunduz, ils parvenaient à de meilleurs résultats que les taliban eux-mêmes, souvent peu enthousiastes pour ce combat fratricide. On avait raconté à ces volontaires, intelligents et très croyants, que les Russes se battaient avec Massoud. Ils étaient donc motivés et servaient souvent des armes d'appui, comme les canons et les mortiers. Ils portaient toute une littérature technique en arabe dont les dessins représentaient des soldats américains ! C'étaient des traductions des manuels de l'US Army.

« J'ai aussi dirigé des tirs au mortier. Nos tubes étaient souvent très vieux, peu entretenus, et les munitions étaient comptées. On me désignait les cibles prioritaires : "C'est pas sur les taliban qu'il faut tirer, c'est plus loin, là-bas, sur le QG des Pakistanais ou bien à droite, dans ce poste avec un BM21, où il y a des Arabes !"

« On me disait qu'ils ne se mélangeaient pas. Que les Arabes ne faisaient pas confiance aux Afghans taliban. Ils avaient leurs propres camps, leurs propres réseaux. Ces étrangers venaient chercher une expérience du combat et ils voulaient être utiles à leurs frères musulmans. Ils avaient besoin de libérer toute cette haine accumulée en voyant leur religion "humiliée par les Américains, les Juifs et l'Occident corrompu". Les mollahs qui les incitaient à aller se battre ne les accompagnaient pas sur le front et restaient à enseigner dans leurs madrasas. Le volontaire, lui, le jeune Pakistanais ou l'Arabe de vingt-vingt-cinq ans, rêvait de rentrer chez lui en ayant l'expérience suffisante pour dire : "J'ai fait le djihad !" puis, une fois dans son pays, se marier, ouvrir un commerce et avec la considération de son village, se permettre de commenter l'actualité en disant : "J'y étais !" Peu reprendront le combat dans leur propre pays. Mais ils constituent un réseau, toujours prêt à aider. Les anciens, qui se sont battus contre les Soviétiques, sont peu nombreux aujourd'hui. Les plus doués ou ceux qui ne peuvent plus retourner chez eux sont certainement dans l'entourage de Ben Laden, avec des missions bien particulières et bien rémunérées.

« Les taliban et les moudjahidin se parlaient par talkie-walkie. Ils connaissaient à peu près leurs fréquences et ils s'interpellaient. Les moudjahidin nomment les taliban "longui" parce que c'est le nom de leur turban. Les autres les appellent "pacol", à cause de leur bonnet de laine. Un moudjahid qui rencontre un taliban ça donne : “Longui, longui... pacol, longui !” Ils discutent :

« — Comment ça va ?

« — T’es sûr que ça va ?

« — T’es sûr que, ta femme, y a pas quelqu’un qui s’en occupe derrière ton dos pendant que t’es au front ?

« Ça dépend de l’humour du type, du longui qu’il a en face. Il y a des conversations très cordiales qui se font :

« — Tu viens d’où, toi ?

« — De Ghazni...

« — Moi aussi, j’ai de la famille là-bas...

« Parfois ils insultent les chefs :

« — Mollah Omar est la pute des Pakistanais.

« — Massoud s’est donné aux Russes ! »

« Mais, quel que soit le ton, cela finit toujours poliment en Afghanistan. Ils se quittent souvent en se souhaitant mutuellement de rester en bonne santé.

« Au total, j’ai reçu neuf mille huit cents dollars du commandant Massoud. On peut dire, sans se tromper, que je suis un mercenaire. Mais je suis son unique mercenaire ! En démissionnant de l’armée française, j’ai laissé tout ce qui brille dans un carton à mon dernier chef de corps. J’ai choisi mon combat, j’ai choisi mon chef. Moi, je suis avec Rimbaud. Allons ! la marche, le fardeau, le désert, l’ennui et la colère.

« J’aime le regarder vivre, recevoir, raconter, réfléchir et décider. Massoud ne me cache rien ; il répond aux coups de fil de ses espions en me faisant un clin d’œil. Il aime entendre mes analyses et mes propositions. Je lui apporte un autre regard et je pense qu’il apprécie beaucoup nos conversations. Avec moi, il parle sans gêne de tactique, de stratégie et d'histoire militaire. Nous avons abordé des sujets aussi divers que le tir au pistolet, l'affrontement des armées françaises et allemandes en 1940, ou les réserves pétrolières de la Caspienne. J'arrive aussi avec des articles ou des documents que je juge importants et je les lui résume. Je lui montre des photos faites sur lui ou son pays et publiées dans différents magazines. Il n'a que rarement le retour des articles écrits par les journalistes qu'il voit passer.

« Massoud est devenu un ami, presque un père. »

Najibullah n'était pas auprès de Massoud lorsque celui-ci fut assassiné par deux Arabes, le 9 septembre 2001. Il est cependant revenu sur le sol afghan pleurer le commandant. De retour en France, il m'a confié cette réflexion :

« À bien y réfléchir, je pense que Massoud n'a pas été tué... Il a simplement décidé de cesser de vivre. Il m'avait tant de fois dit qu'il était fatigué de la guerre. Puisque Dieu l'appelait, Il devait avoir Ses raisons. Massoud ne craignait pas le sacrifice. »

Ma maison à Kaboul

Comment en sommes-nous arrivés là ?

Une bête aux abois est une bête dangereuse. L'histoire nous montre qu'à force de paranoïa l'Occident se crée de véritables ennemis.

Des Arabes sur les lignes de front, face à Massoud. Des Arabes chez des Afghans ! En nombre, partageant une cause tellement éloignée de la mystique afghane, de ses saints, de ses soufis malicieux, des rêves que provoque cette terre. Leur wahhabisme est bien différent de l'islam des montagnes et des villages afghans. Des Arabes dans les rues de Kaboul ! Dans les belles villas, dans les restaurants. Leurs femmes sans burqa, voilées de noir et le regard sévère, cheminent dans la ville. Oussama Ben Laden traversant le hall fantomatique de l'hôtel Intercontinental, non plus comme ce prince d'Arabie quittant le luxe pour la poussière, sacrifiant sa jeunesse pour aider ses frères afghans occupés par l'Armée rouge, mais comme ce prédicateur trahi, aigri et malade, accueilli au printemps 1996 par le gouvernement afghan alors en lutte contre les taliban. Mais qu'arrive-t-il à l'Afghanistan ? Cette haine qui naît sous nos yeux ! Ces hommes que nous rejetons parce qu'ils ne vivent pas comme nous. L'Afghanistan connaît une période trouble et pourtant des gens relèvent la tête, sont fiers, des gens sont là qui veulent reconstruire, qui veulent la paix, qui sont encore convaincus de vivre dans le plus beau des pays. Mais ces gens-là ne sont pas uniquement chez Massoud ! Quelle naïveté de vouloir envisager les choses ainsi ! L'Afghanistan si riche vu sous cet angle simpliste ? Quel mépris pour un peuple que l'on veut aimer, alors qu'on le condamne. Massoud fut le premier à discuter avec les taliban !

Quel signe donne-t-on aux Afghans, de tous côtés, qui aiment exactement le même pays, qui pratiquent le même islam et désirent la même paix que Massoud ? Quel espoir leur offre-t-on en ne les gratifiant que de notre dédain, de notre jugement le plus arrêté ? Alors que ces hommes et ces femmes ont besoin de nous. Au plus haut niveau du mouvement taliban, des dirigeants nous envoient des signes, nous appellent à l'aide. Nous disent qu'il y a danger !

Un nouveau millénaire s'entame, et je n'ai plus la patience d'être journaliste, je n'ai plus cette docile volonté de répétition un peu vaine. Je n'ai pas envie de changer d'avis tous les ans, de dire ce que l'on aimerait que je dise et de penser le contraire. Je n'ai plus envie de participer au divertissement que l'on essaie de faire passer pour de l'information. Mon attirance pour l'Afghanistan reste toujours aussi incompréhensible. Or, avec le temps qui passe, ce n'est plus une explication que je recherche en y venant. Je me laisse guider, empli de curiosité et d'un peu d'appréhension. Aucun destin n'est tracé, mais des signes balisent le chemin de chaque être humain. Libre à lui de les voir, d'en sentir la portée, d'y attacher de l'importance, ou au contraire de les ignorer. Dans cette région, j'ai rencontré des gens âgés de mille ans, j'ai reçu des messages gravés dans la pierre, j'ai vu des peuples aujourd'hui disparus se déplacer devant mes yeux, descendre une vallée de schiste noir. J'ai vu la grandeur d'une partie de l'histoire de notre planète.

J'ai cru longtemps devoir venir ici pour comprendre les hommes et les raisons de leurs meurtres. J'ai vu le sang, la souffrance et la mort ; déjà. Cela m'a rendu attentif à la respiration de la terre. À ses millénaires de mémoire et d'héritage.

Je reviens en Afghanistan retrouver ce qui est essentiel aux hommes. Leur trace.

Nous sommes en août 2000, d'autres femmes, d'autres hommes compétents sont là pour soigner les corps et les douleurs, personne n'a besoin de moi pour cela. Alors je viens conduire autre chose. L'entreprise dans laquelle je me lance est d'ores et déjà vouée à l'échec. Mais ni moi ni personne ne s'en doute une seconde ! Et puis est-ce là l'important ?

Les taliban sont toujours au pouvoir.

Je vais ouvrir un bureau à Kaboul. Celui de l'antenne afghane de la Société des explorateurs français. L'Afghanistan possède un patrimoine archéologique considérable. Depuis l'invasion soviétique, sites et collections ont énormément souffert de la guerre, des pillages. Et les plus gros trafiquants ne sont pas ceux auxquels on pense... Dans un pays où la sécheresse est terrible depuis trois ans, dans ce pays de guerre et de destruction, j'ai en tête de visiter chacun des sites archéologiques pour rendre compte précisément de leur degré de préservation. Un inventaire de l'état de ce qui reste. Prétexte idéal pour prendre enfin le temps de vivre ici. J'arrive à Kaboul le 14 août. Le lendemain, à l'issue de ma rencontre avec Mollah Wakil Ahmad Motawakel, désormais ministre des Affaires étrangères, j'obtiens l'autorisation de principe d'ouvrir un bureau en Afghanistan et surtout de me rendre où je le souhaite afin de filmer et de photographier l'ensemble des sites archéologiques. Pourquoi m'accordent-ils cela ? Sans doute parce que personne d'autre n'est venu le leur demander !

Par le plus grand des hasards, c'est le 17 août qu'est programmée la réouverture du musée de Kaboul, en présence d'une belle assemblée de dignitaires taliban, d'archéologues afghans et de quelques très rares étrangers. Mollah Motawakel y assiste, entouré d'un personnel déférent et d'un garde du corps en tongs. Motawakel a grossi depuis ce jour de 1995 où je l'ai rencontré pour la première fois, à Kandahar, alors qu'il n'était encore que le secrétaire de Mollah Omar. Il est vêtu de blanc, turban immaculé et longue chemise légère laissant deviner un embonpoint d'homme important. De sa démarche pesante, il visite le rez-de-chaussée d'un musée en piteux état. Il passe rapidement devant les statues bouddhistes, regarde à peine une petite statuette en bois du Nuristan représentant deux personnes enlacées. Péremptoire, Mollah Motawakel se tourne vers moi pour annoncer que, dorénavant, le 17 août sera journée de la culture en Afghanistan. Dodelinant de la tête, il repart vers la sortie.

Mollah Motawakel joue ici sa dernière carte. Convaincu du désastre vers lequel les taliban se dirigent à moyen terme, il a persuadé Mollah Omar d'envoyer un signal fort à l'Occident en montrant la bonne volonté du régime. Le mouvement taliban est plus que divisé. Mollah Omar et les « penseurs » de son entourage se sont progressivement inventé leur propre grille de lecture des Textes saints. Mollah Omar n'est consulté que sur les grandes orientations et il se refuse la plupart du temps à rencontrer les représentants internationaux en visite. Lorsque c'est néanmoins le cas, l'homme parle d'une voix faible en regardant le sol et, quand il a fini, se lève et disparaît.

La Shura, composée d'une vingtaine de membres, est l'organe politique taliban. Ce noyau extrêmement restreint de membres du Conseil suprême regroupe les dirigeants du mouvement. Ils sont les décideurs politiques et les interlocuteurs auprès des rares diplomates étrangers ou des ONG. Ce sont des amis de longue date, des proches de Mollah Omar. Lors des conseils, chacun parle, expose ses arguments. Il n'y a pas de durs ou de modérés dans le mouvement taliban ; il y a les puristes et les pragmatiques. Majoritaires, les puristes sont les défenseurs de la morale originelle du mouvement, celle qui interdit notamment le travail des femmes. Quelles qu'en soient les conséquences nationales ou internationales. C'est la « pureté » de l'Émirat islamique d'Afghanistan qui prime. Les pragmatiques, eux, sont conscients de l'isolement dans lequel les place cette politique et tentent d'y remédier en adoucissant la ligne taliban.

Motawakel fait partie de ce courant, modérateur si ce n'est modéré, qui essaie de s'imposer et y parvient par moments. Plusieurs des ministres taliban à Kaboul sont des hommes de bonne volonté, mais ils sont prisonniers de tout un jeu de contradictions. Par exemple, lorsque, après des palabres qui peuvent être interminables, Mollah Omar tranche, ses décisions ne sont plus discutées et sont même soutenues par les opposants. C'est ainsi, de façon surprenante pour ceux qui les connaissaient, que Mollah Wakil Ahmad Motawakel et Mollah Kwadratullah Jamal, ministres taliban de l'Information et de la Culture, sont devenus les premiers partisans de la destruction des statues de Bamiyan après l'annonce du décret du 26 février 2001. Le manque d'argent ne simplifie pas la tâche. Ce sont souvent les puristes, maintenant, qui ont le dernier mot, parce que ce sont eux qui détiennent les cordons de la bourse et la puissance militaire, déterminants pour le cours de la guerre. Les taliban ont besoin de satisfaire les radicaux qui sont au front, ainsi que les Arabes qui sont les nouveaux pourvoyeurs d'argent et d'hommes... La rancœur des puristes à l'égard de l'Occident et des Nations unies, qui refusent de laisser le siège du pays au représentant des taliban, date de la prise de Kaboul en septembre 1996. Les taliban furent alors extraordinairement surpris d'être conspués par la communauté internationale, se considérant au contraire comme des libérateurs. L'incompréhension réciproque est allée crescendo depuis.

Malgré cela, quatre ans après, Motawakel a gardé

de l'influence dans la Shura et la confiance de Mollah Omar ; il continue de suggérer des gestes d'ouverture à notre égard. En décembre 2000, le Conseil de sécurité des Nations unies vote une nouvelle liste de sanctions visant l'Afghanistan. Les quelques taliban pragmatiques comme lui perdent alors la dernière influence qu'ils avaient auprès du chef suprême. Ils défendaient le dialogue, nous leur avons claqué la porte au nez.

Ce musée qui vient d'être inauguré est saccagé dès l'automne ; la police religieuse est venue casser les statues. Au sein de la Shura, le débat a été violent, mais, dans le contexte d'isolement où sont les taliban à l'hiver 2000, les iconoclastes ne sont pas désavoués. Bien au contraire ! L'Histoire dira peut-être comment s'est faite cette rencontre improbable entre des mollahs puritains et une mouvance internationale de l'islam radical. Entre des paysans d'un autre âge et les wahhabites les plus obtus. Si peu de choses rapprochaient Mollah Omar de Ben Laden ! Qui porte la responsabilité de leur rencontre ? De la naissance de leur amitié ?

Alors que je m'apprête à repartir pour Paris, l'accord de Motawakel en poche, je suis surpris de l'enthousiasme que ce projet suscite chez les Afghans. J'ai retrouvé Khaled Majrouh ainsi qu'un vieil ami francophone, Hamed Safi. Ils acceptent de m'aider. Je propose à Hamed d'être notre administrateur. Durant l'automne à venir, c'est lui qui va s'occuper du formidable monceau de paperasse indispensable à l'enregistrement officiel de notre antenne. Pendant ce temps-là, je vais tâcher de trouver l'argent nécessaire.

Claude Collin Delavaud, président de la Société des explorateurs français, est ravi des bonnes nouvelles que je lui rapporte. Claude voyageait dans ce pays en compagnie de mon père, il y a de cela bien des années. Le musée Guimet où l'archéologue Rolland Besenval nous introduit se joint à l'aventure. J'avais rencontré Rolland des années auparavant à Douchanbe, au Tadjikistan, et il m'avait passionné par le récit de ses recherches. Il fouille une partie de l'année dans le Sud Pakistan et l'autre partie au Tadjikistan. Il a découvert des trésors que personne avant lui n'a soupçonnés.

Pierre Cambon, conservateur en chef du musée Guimet, se passionne tout autant pour notre projet hors norme et, il faut bien le dire, parfaitement saugrenu ! Jean-François Jarrige, le directeur du musée, nous assure de son soutien. L'Unesco, dans la mesure où je ne demande pas un sou, est emballée.

Je vise deux objectifs. Le premier est de réaliser un catalogue de l'état des sites archéologiques. Pour cela, avec l'aide d'une équipe que je vais réunir, nous allons rapporter le maximum d'observations, de relevés, de photos et de dessins des sites archéologiques que nous allons visiter. Nous préparons cet inventaire, avant de nous rendre sur les lieux, avec des archéologues y ayant travaillé. Pour le cas de Bamiyan, nous commençons avec la merveilleuse Francine Tissot. C'est elle qui nous suggère d'aller vérifier telle chose, de voir telle autre, de tenter d'accéder à cette grotte. Cette fresque dont elle a pris une photo voilà trente ans n'a-t-elle pas été pillée ? Sans sa colossale expérience, notre travail serait vain.

Nous allons être les yeux de ces archéologues du musée Guimet dans un pays où ils ne peuvent se rendre. Nous ne sommes pas archéologues nous-mêmes. Je n'ai aucune prétention scientifique, mais, de par mon expérience, je suis capable de déplacer une équipe lourde et des moyens importants sur ces lieux que personne ne peut visiter. Un échange de bons procédés en somme !

Je ne connais rien non plus au monde institutionnel. Pour aller vite, je vais chercher l'argent là où je sais pouvoir en trouver. Pour le financement de la première phase, le site de Bamiyan, je compte sur les éditeurs, une chaîne de télévision et la presse magazine, car nous avons aussi pour objectif de médiatiser le patrimoine archéologique afghan. Je pensais convaincre tout le monde en quelques semaines, il me faudra des mois. L'affaire coûte cher. Il ne s'agit plus cette fois d'aller faire un simple reportage, mais d'installer une mission à Kaboul. Il faut louer une maison, la réhabiliter, y acheminer et y loger une équipe. Nous avons besoin de matériel : appareils photo, caméras, mais aussi téléphone satellite, ordinateurs... Le budget dépasse vite les dizaines de milliers d'euros.

Septembre 2000, l'équipe se construit. Simon, mon frère, s'impose comme une évidence. Il dessine, se sert à merveille aussi bien d'un crayon que d'une palette graphique. Il va s'occuper de toute la partie visuelle de l'inventaire. Nous signons un livre de photos sur Bamiyan dont il aura la charge, entre autres. Sylvain Tesson, écrivain, va s'occuper avec moi du livre ainsi que de tous les textes que nous serons amenés à publier. Plusieurs photographes se relaieront en fonction des sites et de la durée des voyages. Gilles Luneau, d'abord, qui depuis 1988 n'est jamais revenu en Afghanistan. Puis Michael Lafontan, Olivier Seignette et Gunther Vicente. Pour les films, le réalisateur, Ludovic Place, projette lui aussi de revenir en Afghanistan où il m'avait accompagné lorsque nous avions fait le film sur Massoud.

Thomas, mon autre frère, rejoint naturellement le projet assez vite. Sa première tâche sera de mettre au point avec Sylvain des moyens d'accès aux grottes situées sur la falaise de Bamiyan, entre les deux bouddhas. Sur le plus long terme, je lui propose de prendre en charge la logistique de notre mission en Afghanistan. Il se formera sur le terrain.

Je suis heureux de constater que l'esprit qui m'anime est aussi bien perçu. Nous allons certes nous installer dans l'Afghanistan des taliban, mais, à travers la médiatisation de ce projet, chacun comprend naturellement que nous ne ferons pas la propagande de qui que ce soit. Au-delà du quotidien tragique et récent de l'Afghanistan, notre vœu de plus cher est de montrer la richesse des millénaires d'histoire dont la terre afghane garde les marques. Et, à travers cela, de faire aimer cette terre éternelle. Cette terre de messages.

Je repars seul là-bas à la fin du mois de novembre 2000 afin de trouver une maison et de faire venir l'équipe le plus rapidement possible. J'avais rêvé de pouvoir commencer à travailler à Bamiyan dès octobre, mais les retards financiers ont repoussé sans cesse la mise en route du programme. À Kaboul, Hamed a fait un travail énorme de suivi du projet dans les ministères. Alors que j'arrive, une proposition de protocole officiel m'est soumise par le Département archéologique d'Afghanistan, qui dépend de l'Académie des sciences. Après plusieurs réunions de travail, nous mettons au point le protocole définitif qui reçoit l'aval formel de différents ministères. Nous le signons très officiellement, le directeur du Département archéologique, le professeur Abdul Waseh Ferozi et moi-même en tant que représentant de la Société des explorateurs français. Ce protocole, au-delà de quelques légitimes questions matérielles, dresse les bases d'une relation de travail et d'échanges entre nos deux pays, dans les contraintes que la situation politique complexe nous impose. Le professeur Ferozi et ses collègues sont archéologues. Avant les taliban, avant la guerre, ce sont eux qui ont travaillé avec la Délégation archéologique française en Afghanistan. Bien que dans une position inconfortable, le professeur Ferozi et ses collègues me montrent par leurs sourires et leur chaleur que mon projet représente beaucoup de choses pour eux. De tout cœur je souhaite aider ces hommes démunis de tout.

Une fin d'après-midi.

Je me suis assoupi quelques instants. Suffisamment pour faire un de ces rêves fulgurants et très denses dont on se souvient avec netteté. Je suis devant le grand bouddha de Bamiyan. Debout face au colosse de pierre. Soudain, la terre se met à trembler et le bouddha s'écroule dans une vague de poussière. Dans l'alcôve, derrière, apparaît alors une gigantesque grotte...

Réveil ! Je me redresse sur les coudes, troublé par cette vision. L'obscurité est tombée. Les chants du muezzin d'en face m'ont fait sursauter. La dernière prière de la journée.

Dans le bas de la rue des Fleurs, qui prolonge la rue des Poulets, est installée une agence immobilière. Elle est placée juste en face du meilleur restaurant de kebabs de Kaboul, une gargote minuscule devant laquelle fume un brasero tout en longueur. À la grande joie des Kaboulis, il neige depuis hier.

L'agence me fait d'abord visiter une imposante demeure située juste derrière la *guest house* des Nations unies. La terrasse donne directement sur la piscine et le jardin joliment entretenu des voisins. Le propriétaire, la quarantaine, en demande mille cinq cents dollars. Il rêve, mais n'en démord pas. Je n'aime pas son regard. Il se veut prévenant, et il en fait trop. Voix implorante alors que tout en lui est repoussant. Manières obséquieuses. En fait, sans comprendre pourquoi, je réalise soudain que cet homme est dangereux. Il sonne faux, à l'image de sa maison. Murs verts et roses, miroirs, marbre, formica. Une décoration très nouveau riche de Bogotá ou Peshawar mais qui n'est tout simplement pas acceptable pour ma maison. Le propriétaire en est très fier. Les travaux lui ont coûté une fortune ; il ne semble pas être dans le besoin. Son aide principal, un Tadjik musclé, nous raccompagne, en sandales dans la neige, jusqu'au portail.

Puis je visite des maisons avec jardin dans le quartier de Wazir Akbar Khan. Ce quartier de petites résidences cossues à un ou deux étages est fréquenté par plusieurs organisations humanitaires, par des dignitaires taliban mais également, depuis l'été 1998, par nombre de combattants arabes installés là avec leurs familles. Ces gens-là sont beaucoup moins hospitaliers que les Afghans et montrent ouvertement leur haine à notre égard. J'ai beau apprécier énormément une maison et son immense jardin boisé, située en bordure de Wazir, je me refuse à installer l'antenne afghane de la Société des explorateurs français dans cette partie de Kaboul.

J'ai finalement un coup de cœur pour une longue bâtisse aux murs épais, édifiée sous la forteresse de Kolola Pushta. Le quartier de Shar-e-Naw est central et je suis à quatre cents mètres du seul et unique bar de Kaboul, lieu d'une importance sociale prépondérante dans l'Afghanistan sans alcool des taliban. Côté voisinage, par contre, pas d'Arabes mais des Tchétchènes, soi-disant, et une prison de la police religieuse. Tant pis, c'est *la* maison. Je décide de la baptiser « Maison Denis » en mémoire de Denis Van Berleere, membre de la Société des explorateurs, producteur, cinéaste et ami. La bâtisse n'a plus aucun carreau aux fenêtres et le vent glacé s'engouffre jusque dans la cave. Le jardin n'est qu'un terrain vague.

Entre-temps, j'ai rencontré Vadim Schoffel, un jeune logisticien aux yeux de cristal, bleus et graves. Son rire est fort et contagieux. Vadim travaille pour l'organisation humanitaire française Solidarité. Mon projet le passionne et déclenche en lui la même énergie qu'en moi. À vingt-quatre ans, il a déjà une vie d'une profondeur et d'une richesse rares. Et cette flamme particulière derrière les pupilles. Il me paraît être à la fois fougueux, incontrôlable et serein, sage et mûr. Comme d'autres, Vadim me demande de rejoindre l'aventure. Aux autres je réponds que c'est impossible. Pas d'argent, pas de poste à pouvoir. Vadim, c'est comme une évidence ! Dans mon esprit, je l'associe à Thomas et lui propose de former mon frère à la logistique.

De nouvelles sanctions sont en passe d'être votées aux Nations unies et l'on craint des représailles sur les étrangers présents à Kaboul. Notre ambassade à Islamabad me presse de quitter la ville. D'autre part, des combats se préparent dans la région de Bamiyan. Combats qui risquent, en plus de la neige, de nous interdire l'accès de la vallée avant des mois. Encore une fois, je dois repousser la venue de l'équipe. Je profite de ce répit pour rentrer à nouveau en France. Le budget est loin d'être bouclé et ce nouveau retard n'arrange rien.

Quand Kiny, Antoine, Marie, Éliane ou David nous appelaient les explorateurs, Thomas, Simon et moi, nous avions l'impression d'avoir donné vie, par notre seule présence ici, à ce que ce terme doit effectivement signifier, bien au-delà de la poussiéreuse image qu'il évoque. Notre présence folle a représenté quelque chose de nouveau et d'important dans la petite communauté des expatriés de Kaboul. Et puis surtout, l'espace de quelques mois, l'existence de notre bureau à Kaboul a donné espoir à ces Afghans, des amis, des archéologues. Ils ont compris qu'autre chose que la réponse à l'éternelle urgence pouvait être possible dans ce pays si atrocement meurtri.

Nous allons être témoins de la plus improbable des folies. Celle d'un groupe d'hommes qui veut effacer la mémoire d'un peuple. Nous allons être les seuls, dans notre antenne de la Société des explorateurs français, à vivre de l'intérieur la destruction des bouddhas de Bamiyan.

L'affaire des bouddhas

Une nuit de mars 2001, la rumeur a couru les rues de Kaboul : les deux bouddhas géants de Bamiyan sont sortis de leurs niches et ont avancé de six mètres. Prélude, dirent les Kaboulis, à la colère de Dieu.

Kaboul, dimanche 25 février 2001.

Première nuit dans la Maison Denis. Alors que le soleil se lève à peine, le monde se met à tourner. Dans mon lit de bois, mon corps tremble de façon incontrôlée. Je me réveille tout à fait, sans bouger, attentif à ce qui m'arrive, et soudain je réalise ! En une fraction de seconde, je bondis pieds nus sur le sol gelé et me cale dans la large embrasure de la porte de ma chambre. Debout, je me demande si c'est ce qu'il faut faire, ou justement ce qu'il ne faut *pas* faire ! lors d'un tremblement de terre !

Puis le sol se calme. Ça a été extrêmement rapide, et troublant. Thomas et Simon n'ont pas quitté leur lit, mais ils sont réveillés. On se regarde, on sourit... notre premier réveil à tous les trois en Afghanistan.

La veille, arrivant ensemble de Peshawar à bord d'un petit monomoteur, nous retrouvons Hamed à l'aéroport de Kaboul ainsi que Farad et son pick-up. Hamed est particulièrement fier – mais il ne le montre pas, comme à son habitude – de nous présenter la Maison Denis dans laquelle les travaux que j'avais demandés ont été réalisés. Il a fait un boulot merveilleux. La grande Maison Denis paraît bien vide, mais elle est resplendissante. Les murs sont repeints, le puits et la pompe fonctionnent. La cuisine a été aménagée et trois petits lits de bois nous attendent dans les chambres où brûlent des poêles tout neufs.

Tout le personnel embauché à ma demande est présent.

Najibullah, ancien moudjahid au Hezb-e-Islami d'Hekmatyar et serveur de batterie antiaérienne, sera notre intendant. Aref, le gardien de jour, est un professeur au chômage au visage plein de bonté. Nassim, le veilleur de nuit, est gentil et discret, comme le gardien du week-end, Zabiullah. Il y a aussi Faridoon, l'homme de ménage, toujours rigolard et timide, et Abbas, un solide Hazara, une montagne, un buffle au visage angélique. La souffrance et les destins rudes donnent une humilité exemplaire aux visages de certains hommes. Abbas est de ceux-là. Lors de la conquête de Mazar par les taliban, il fut pris pour un commandant et il eut les dents brisées à coups de crosse. Mais la vie sauve. C'est Kate, la correspondante de la BBC à Kaboul, qui m'a parlé de lui. Il prépare les meilleures pâtes fraîches de Kaboul.

Nous prenons possession de notre maison. Pleine de promesses, d'avenir. Je ne peux retenir quelques larmes de bonheur. J'y suis arrivé ! Finalement ! Toute cette entreprise de fou ! L'équipe est là, la maison existe ! Je marche jusque dans le salon, je suis fier, je suis heureux.

Le 25 au soir, Jean-Yves Berthault, le chargé d'affaires français en Afghanistan, nous a invités tous les trois à l'ambassade pour un dîner en compagnie de quelques diplomates européens et du vice-ministre taliban de l'Information et de la Culture. L'ambassadeur de Grèce au Pakistan, son homologue italien ainsi que Jean-Yves Berthault font partie d'une association luttant pour la préservation du patrimoine archéologique d'Afghanistan. Ils sont à Kaboul à titre privé, inquiets des rumeurs de destruction.

Il fait déjà nuit noire lorsque Thomas, Simon et moi arrivons à l'ambassade, en même temps que trois taliban enturbannés qui se garent et pénètrent dans l'ambassade avant nous. Jean-Yves Berthault et les ambassadeurs ne sont pas encore là. Nous prenons place dans le salon. C'est une pièce vaste et haute de plafond. Un coin cheminée, âtre et canapés, est situé en contrebas. La rotonde est ouverte sur une immense baie vitrée donnant sur un jardin de pins. L'atmosphère est très « années 80 ». D'imposantes statues du Nuristan ajoutent à cette désuétude. Dans un coin trône une grande télévision à laquelle font face deux fauteuils ; sur les accoudoirs reposent les télécommandes. C'est avec émotion que nous pénétrons dans ce tout petit morceau de France qui, malgré tout, reste habité, vivant et chauffé. Lors d'une précédente visite, Jean-Yves Berthault, qui se passionne pour notre projet, m'a montré le trésor de l'ambassade. Dans de grandes cantines entreposées dans un couloir est gardée une partie de la mémoire de la Délégation archéologique française en Afghanistan, la DAFA, installée dans le pays par Foucher en 1922. Jean-Yves me permet de feuilleter quelques ouvrages de cette bibliothèque archéologique inestimable. Ces caisses renferment la mémoire de ce centre de l'Asie. Des millénaires de mystères, d'énigmes, bien des découvertes à faire encore. Cette bibliothèque appelle, murmure et propose de s'enfermer à demeure dans cette ambassade.

Jean-Yves Berthault, qui habite la majeure partie du temps à Islamabad et séjourne à Kaboul en moyenne toutes les cinq ou six semaines, ne vient jamais les mains vides. Il y a trois mois, j'ai bu du saint-estèphe et mangé du saucisson dans cette même ambassade à Kaboul, capitale de l'Émirat islamique d'Afghanistan. Une expérience tout bonnement unique.

Pas de saint-estèphe, ce soir, ni de cochonnailles. Les trois Afghans, dont je me demande encore bien qui ils sont, ont déjà pris place dans le premier coin salon, sur la droite en entrant. Je pensais retrouver ce soir Mollah Utaq, le vice-ministre de la Culture avec qui, lors de mon précédent voyage à Kaboul, j'avais longuement discuté du projet d'inventaire. Juma, majordome historique de l'ambassade, au moins depuis la visite de Pompidou en 1968, nous invite à nous asseoir dans l'autre salon. Les taliban parlent à voix basse en regardant les livres étalés devant eux. Tout rouges, ils retournent bien vite le plus volumineux. Il s'agit d'un ouvrage de peinture consacré aux nus de Renoir. À leur droite, au-dessus du meuble qui renferme le pastis et les autres alcools, trône un charmant petit angelot nu comme un ver. Le silence est pesant.

Finalement, Jean-Yves Berthault arrive. Il traverse la pièce d'un pas rapide, va saluer les taliban, puis revient vers nous.

— Eh bien, pourquoi n'allez-vous pas faire la conversation ?

Sans attendre de réponse, il disparaît. Pour ne revenir que cinq minutes plus tard.

— Allons les rejoindre.

— Mais, Jean-Yves, qui sont ces gens ?

Jean-Yves Berthault me regarde, ébahi, l'œil mi-amusé mi-inquiet.

— Voyons, il s'agit du vice-ministre de l'Information et de la Culture ! Je pensais que tu le connaissais !

Nous nous dirigeons vers leur table, poignées de main. Mollah Utaq, je l'apprendrai plus tard, a été muté aux Affaires étrangères voilà un mois. Son remplaçant et ses acolytes ne parlent pas anglais, Jean-Yves Berthault pratique le dari, le persan afghan. Il informe le vice-ministre que le reste des diplomates ne devrait pas tarder, ils seront accompagnés d'un tra ducteur. Échange de banalités. Jean-Yves Berthault se retourne vers moi.

— Stéphane, le vice-ministre est quelqu'un d'important à qui il faut que tu parles de ton projet.

Est-ce vraiment nécessaire, dans la mesure où cela a déjà été fait voilà des mois avec son prédécesseur ? Celui-là ne me semble pas sympathique du tout, et pas particulièrement bien disposé. Et Hamed, notre administrateur, suit de près les dernières procédures d'enregistrement auprès des différents ministères. Je lui fais une parfaite confiance. Nous avons déjà reçu l'approbation finale du Conseil des ministres. Et puis, les mondanités, surtout à Kaboul avec des taliban, ne sont vraiment pas mon fort. Pour couper court aux silences pesants, Jean-Yves Berthault, le seul à pouvoir alors tenir une conversation avec eux, résume aux barbus ce que l'on est venu faire.

Les trois Afghans lâchent finalement un très laconique : « Ah ! »

Le vice-ministre ne semble pas à l'aise du tout, on dirait un animal piégé. Mes deux frères et moi avons ressenti cette même gêne tout au long de la soirée. Les silences sont diablement embarrassants.

Enfin, les deux diplomates nous rejoignent, accompagnés d'un archéologue afghan et de la secrétaire générale de leur association, Brigitte. Présentation, échange d'amabilités. L'ambassadeur d'Italie est très amusé par son escapade afghane. Les yeux coquins, il s'assoit tout près d'un des taliban. L'ambassadeur de Grèce est, lui..., très ambassadeur. Costume bleu clair, de coupe grecque, petite tête en haut d'un tronc rondouillard fiché sur deux fines cannes. Peu de cheveux, air las, lunettes démodées et regard entendu. Il ne sait pas où mettre ses deux long bras fins et agités. Thomas et Simon le baptisent discrètement « Derrick » tant il ressemble à l'inspecteur allemand. Sans plus attendre, il s'adresse à l'archéologue qui fait office de traducteur.

— Bon, dites à M. le ministre que nous sommes très contents des négociations de la journée, et nous espérons que bientôt, demain, nous pourrons aller au musée.

Pour l'apéritif, Pepsi pour tous. D'un côté, trois

diplomates, de l'autre, trois taliban. Et puis nous, les trois frères, qui nous demandons vraiment ce que nous faisons là. À chaque tentative, les discussions échouent lamentablement. Alors l'ambassadeur d'Italie s'essaie à la plaisanterie. En poste à Téhéran pendant la révolution, il se remet en mémoire suffisamment de persan pour se faire entendre. Poliment, il attrape le turban d'un des taliban, s'en coiffe et lance en français :

— Alors, n'ai-je pas l'air idiot comme ça ?

Les taliban rient, mais pas pour la même raison que nous. Le fossé se creuse. Les taliban se mettent à parler entre eux, les diplomates, de fait, aussi. L'ambiance devient franchement lourde, les silences des deux groupes finissent par coïncider.

Au cours d'un de ces silences, un taliban, après une bonne rasade de Pepsi, ne peut réprimer un formidable rot. Le plus naturellement du monde. Nous contenons nos éclats de rire avec grande difficulté. L'ambassadeur d'Italie, qui parvient à garder son sérieux, se tourne vers Jean-Yves Berthault.

— Jean-Yves, qu'est-ce qu'il a dit ?

La carrière diplomatique requiert une assurance certaine. Jean-Yves Berthault laisse à peine échapper un léger sourire en déclarant :

— Il faut bien avouer que ce sont tout de même des sauvages !

L'ambassadeur Derrick de Grèce veut conclure.

— Bon, dites à M. le ministre que nous sommes très contents des négociations de la journée, et nous espérons que bientôt, demain, nous pourrons aller au musée.

Le vice-ministre répond fort à propos qu'il est venu

ce soir malgré sa maladie. Il aimerait rentrer tôt. Silence. Et soudain, il tripote la radio qu'il tient discrètement depuis son arrivée, la met devant ses yeux, l'allume et cherche son canal. Quand il a trouvé Radio Charia, il augmente le son.

Nous passons à table, soulagés de pouvoir bouger. Les trois taliban ont emporté leur radio sans l'éteindre ; ils attendent qu'on leur désigne leurs places, s'asseyent et continuent de prêter une attention soutenue au bulletin d'information. Nappe immaculée, trois jeux de couverts, autant de verres. L'ambiance ne s'est pas réchauffée. Les taliban restent pendus à leur radio, les diplomates se parlent entre eux. Pour les taliban, les ennuis commencent dès l'entrée, une simple salade. L'ambassadeur d'Italie explique par signes à son voisin taliban le maniement de la fourchette. Par commodité, tous les trois finissent par manger avec leurs mains. Cela reste discret pour l'entrée donc, mais, lorsque le poulet arrive, le contraste s'accentue. Nos diplomates redoublent d'efforts pour être parfaits, raffinés. En face d'eux, on tient le poulet à pleines mains, les mandibules bruissent. Gras dans les barbes. Un peu avant le dessert, les nouvelles se terminent sur Radio Charia. De sa main propre, le vice-ministre éteint son poste et le range. Derrick avance la tête par-dessus la table pour apercevoir l'archéologue afghan.

— Bien, dites à M. le ministre que nous sommes très contents des négociations de la journée, et nous espérons que bientôt, demain, nous pourrons aller au musée.

Les taliban nous quittent avant le café. L'un d'eux a essayé de manger sa tarte aux pommes à l'aide d'un couteau. Cela dit, c'était bien le couteau à dessert. Jean-Yves Berthault nous pousse dans le salon pour un dernier verre. Pastis. Derrick sort de sa veste une petite flasque de whisky.

– Espérons que demain nous pourrons aller au musée !

Le doute est un hommage rendu à l'espoir.

Lundi 26 février 2001.

Nous sommes à nouveau à l'ambassade où sont conviés les Français de Kaboul. Vadim est avec nous. Juma, qui écoutait Radio Charia, vient donner la nouvelle à Jean-Yves que je vois se décomposer. Il demande le silence et nous énonce le décret de Mollah Omar. « *Le chef suprême de l'Émirat islamique d'Afghanistan a ordonné à tous les représentants du ministère de la Promotion de la Vertu et de la Répression du Vice et aux ministres de l'Information et de la Culture de détruire toutes les statues. Ainsi qu'il en a été ordonné par les oulémas et la Cour suprême de l'Émirat islamique d'Afghanistan, toutes les statues doivent être anéanties afin que personne ne puisse les adorer ou les vénérer à l'avenir.* » Personne n'arrive à y croire, le dîner est silencieux.

Farad a garé le pick-up dans l'allée centrale de la cour de l'ambassade. Lorsque nous sortons, il met le contact. Calé derrière son volant, il me regarde, rigole pour masquer l'inquiétude que lui inspire ce décret et me demande :

— Tu as entendu, ils vont casser les statues. C'est fini alors, ton travail ici ?

Nous rentrons à la maison.

Le bouddhisme est arrivé sur l'actuel territoire afghan deux siècles avant la naissance du Christ. Les écoles dissidentes venues du centre de l'Inde rencontrent la civilisation grecque, héritée du passage d'Alexandre le Grand un siècle plus tôt. Ces terres sont encore sous forte influence hellénistique. Le bouddha est pour la première fois au monde représenté dans la pierre, ainsi que les scènes de sa vie, ses enseignements, ses actes... Durant plus de dix siècles, le bouddhisme va régner au cœur de l'Asie centrale au plus important point de rencontre sur la route de la Soie. Il laissera, avant de s'éteindre sous les assauts de l'islam, une quantité impressionnante de monastères, de statues, dont les plus fameuses sont celles, géantes, de Bamiyan. Le bouddha découvre son visage en Afghanistan, bien avant la naissance du Christ. Et va le perdre dans deux semaines.

Quelques jours après l'annonce du décret de Mollah Omar, je me rends, un peu anxieux, dans le quartier de Darulaman où se trouve le musée. Sous l'ombre macabre du palais en ruine, devant le musée désert, je sors rapidement de ma voiture. Personne. Seuls les deux gardiens sont présents. D'un air détaché, je m'approche de la porte criblée d'impacts de balles. Des chaînes et un cadenas interdisent l'entrée. Par un trou, je distingue dans le hall sombre, sur la gauche, la statue de Kanishka. La statue du grand roi est encore là, intacte. Elle a près de deux mille ans.

Quel curieux moment ! Je me sens seul. J'aimerais un peu de lumière. Thomas et Simon sont aussi affectés que moi. Très vite, on sait que les taliban ne reviendront pas sur ce décret. Mais je ne parviens pas à en mesurer la véritable portée. Notre inventaire s'arrête avant même d'avoir commencé ; il ne peut en être autrement. Mais nous sommes là ! La maison est prête, l'équipe aussi. Que doit-on faire ? Autour de nous, ces Afghans de la rue, les gens que j'ai embauchés, sont effondrés. Personne ne comprend. Les premiers jours de mars, nous attendons, comme tout le monde. Nous nous occupons de façon dérisoire : nous aménageons la maison, tables, chaises, canapé, rideaux. Thomas prend sereinement en main son rôle de logisticien. Simon apporte quelques touches finales de peinture. Le reste du temps, nous allons à la pêche aux informations. Vadim quitte l'ONG Solidarité et nous rejoint, malgré l'incertitude. Les destructions ont-elles commencé ? Durant ces journées hors du monde, je suis en contact permanent avec nos diplomates à Islamabad et à Paris. Nous apprenons que Pierre Lafrance a été tout récemment nommé envoyé spécial de l'Unesco. Il doit arriver dans la région incessamment et je lui confirme qu'il peut compter sur une équipe discrète en cas de besoin. Je l'informe des derniers témoignages que nous recevons de Bamiyan où les combats ne sont pas très éloignés du site des bouddhas.

La mort dans l'âme, je demande à Thomas et à Simon de rentrer au Pakistan. J'ai décidé de tenter, avec Vadim, le voyage dans la vallée de Bamiyan dont l'accès est interdit par les combattants taliban, et il n'est pas judicieux que nous soyons tous ensemble en Afghanistan si les choses devaient mal tourner. Vadim, qui vient juste d'avoir vingt-cinq ans, connaît bien le coin. Une fois mes frères de l'autre côté de la frontière, nous partons en compagnie d'Hamed, qui est sans doute le plus désemparé d'entre nous, dans le pick-up de la Maison Denis que Farad conduit. Nous sommes le 11 mars.

Nous passons trois postes de contrôle sur la route. Il suffit de dire à l'enturbanné de service que l'on va dans la ville suivante pour qu'il nous laisse passer. Maydan Shahr, Jalez... ces vallées que j'ai traversées il y a treize ans exactement. La peur de ce voyage incertain se mêle au trouble de signes de plus en plus insistants. Je me dis qu'un de ces jours il faudra absolument que je remonte dans la vallée de Sanglakh.

Nous allons arriver à quinze kilomètres des bouddhas. Il n'y a plus un civil. Les taliban et leurs partisans combattent sans merci les hommes du Wahdat, alliés de Massoud. Si proches du front, les taliban sont virulents et nerveux. L'ambiance est radicalement différente. Ici règne la mort. En ce croisement de routes antiques, la piste du Nord conduit à Mazar, celle du centre aux lacs Band-e-Amir puis à Herat. Nous parlementons quelques minutes sous les ruines rouges du fort de Shar-e-Zohak avant qu'un responsable, pas souriant du tout, nous dise de foutre le camp dans la seconde. Juste le temps d'entendre des explosions se répercuter sur les parois des montagnes. C'est ce jour-là, nous le saurons plus tard, que le dernier bouddha vole en éclats.

Nous repartons pour Kaboul, huit heures de route dans l'autre sens. Farad engage notre pick-up sur les lacets glacés de la montagne, avec son habituelle dextérité. Le ciel bas se confond de plus en plus avec le sol blanc, à mesure que l'on avance. À cause des combats sur la route du Salang, celle du Hazaradjat est l'unique voie vers le nord de l'Afghanistan, vers

Mazar-e-Charif. La circulation est dense. Des camions, des minibus de civils. Au col d'Hajigak, une « voie » est dégagée par des Hazaras armés de pelles entre deux murs de neige. Une fois le col franchi, nous redescendons dans le flot des véhicules. Les minibus tanguent sur la glace. Les camions vont au pas, certains n'évitent pas les fossés. Farad klaxonne, double. Et puis, soudain, un minibus qui s'est rangé afin de nous laisser passer, glisse dangereusement. L'arrière chasse et arrive sur notre pick-up. Une vitre explose et la portière est froissée. Le minibus a cassé son feu arrière. Les deux véhicules s'arrêtent. Dix passagers sortent du minibus, chacun y va de son commentaire. Le chauffeur hurle que c'est notre faute. On le trouve assez culotté, mais, devant dix passagers, Farad n'en mène pas large. Le ton monte et voilà que, dans l'autre sens, un pick-up noir stoppe à une dizaine de mètres. En sortent deux jeunes taliban. L'un reste près de sa voiture tandis que l'autre, qui a moins de vingt-cinq ans, avance avec lenteur, le menton haut, vers notre attroupement. Tout le monde se met à lui parler en même temps. D'une voix légère, tournant son grand turban noir, le jeune taliban demande le silence. Il regarde les deux véhicules, questionne Farad, puis le chauffeur du minibus. Ensuite, il redresse les épaules, plisse les yeux d'un air grave et dit :

— Il y a de la glace, ça glisse. Personne n'est en tort, vous pouvez vous en aller !

Le taliban tourne les talons et remonte dans son pick-up. Constat amiable !

La nuit est tombée depuis des heures quand nous atteignons Jalez. Du thé, quelques heures de sommeil avant l'aube. Puis une lueur glacée réveille les coqs et fait chanter les bordures de peupliers. Deux heures après, nous sommes de retour à Kaboul. Je vais laisser Vadim à la Maison Denis et pars au Pakistan retrouver les frères.

Rester

Je retrouve Thomas et Simon à Islamabad, installés chez Babeth et George Lefeuvre, un couple d'amis pratiquant la région depuis bien des années. Nous savourons nos retrouvailles. Maël et Swalie, les enfants, paraissent ravis de les avoir à demeure. Cette maison est un endroit de paix à Islamabad, un refuge que je visite depuis des années. La porte m'est toujours ouverte, les discussions y sont interminables et le vin frais.

Je suis épuisé par ce qui se joue ici, mais j'ai une certitude que je partage avec le reste de l'équipe : on ne va pas s'en aller maintenant ! Quelque chose se dessine. Il me faut juste un peu de repos.

L'inventaire est oublié. Mais notre maison et notre situation nous permettent de nous déplacer dans le pays, d'accéder à l'ensemble de l'Afghanistan ; un privilège absolument unique. Je décide de jouer l'ambiguïté, de laisser croire à l'administration taliban que nous étudions les moyens de réorienter notre inventaire. Cela nous permet de rester, de circuler, d'obtenir nos visas... Rester pour témoigner. Les bouddhas de Bamiyan sont à terre, mais qu'en est-il des autres sites archéologiques du pays ? Du musée de Kaboul et de ses réserves qui avaient été mises à l'abri ? Sylvain Tesson va bientôt nous rejoindre, comme c'était prévu. Entre-temps, à Paris, nous dit-il, chacun se félicite de notre présence sur place.

En parallèle, je commence à réfléchir à l'idée de profiter de ces semaines à venir, peut-être de ces quelques mois, pour réaliser un film sur l'Afghanistan, sur ce qui vient de se passer, sur le mouvement des taliban vu de l'intérieur. Nous commençons à écrire ce documentaire à deux, avec la réalisatrice Natacha Calestrémé. Moi ici, elle à Paris. Natacha comprend immédiatement les chances qui, paradoxalement, nous sont offertes. Le monde maintenant demande des explications. Natacha apporte son expérience de réalisatrice, de femme, un regard neuf qui va servir à éclairer le monde taliban. Non pas en venant filmer comme tout le monde en deux jours à Kaboul et en caméra cachée, adrénaline, double page dans un féminin tendance, super-succès à Paris... Mais en laissant s'exprimer ceux qui vivent l'Afghanistan. En y passant des mois. Elle me suggère de montrer comment l'Afghanistan voit l'Afghanistan. De donner la parole au paysan à qui l'on interdit de planter le pavot, à la femme sous sa burqa qui n'a plus peur de la guerre, mais à qui il est interdit de travailler, au taliban, au ministre en poste qui applique le décret, à la police religieuse qui détruit le musée de Kaboul, à un agent secret de passage, à l'enfant qui va mourir de faim... bref, à tous ces gens que je croise et avec qui je vis, à tous ces Afghans !

À travers ce documentaire, nous allons montrer

l'ensemble des rouages qui ont contribué à pousser l'Afghanistan dans une spirale destructrice. Plus qu'une explication, il s'agira d'un témoignage sur la fin d'une histoire. La préservation d'une partie de la mémoire de l'Afghanistan, avant qu'elle s'efface. Nous sommes les seuls à pouvoir alors réaliser cela.

Le producteur Emmanuel Priou l'a tout de suite compris, et son soutien nous est alors important.

Avant d'accueillir Natacha et de repartir sur Kaboul, je dois rester quelque temps au Pakistan. Thomas et Simon tournent en rond, ils regagnent l'Afghanistan comme on revient vers la lumière. Le 23 mars, Thomas fête ses trente ans à Kaboul avec Simon. Ce jour-là, je retrouve Pierre Lafrance qui passe par Islamabad, de retour du Qatar et en route pour Paris. Depuis deux semaines, il n'a pas ménagé son énergie. Il a espéré obtenir du pouvoir suprême des taliban qu'il revienne sur sa décision de détruire l'ensemble des statues du pays, en particulier les bouddhas de Bamiyan.

La fin d'après-midi approche. Je rejoins Pierre Lafrance à la résidence de l'ambassade. Il est vêtu d'un *shalwar* marron clair de bonne coupe, sans doute une habitude prise dans la région quand il était encore le représentant de la France au Pakistan. La tenue n'enlève rien à la prestance du personnage, bien au contraire.

— Monsieur, nous restons en Afghanistan !

— Je pense que c'est une bonne idée. Je vais parler de vous à la direction de l'Unesco dès mon retour à Paris. Nous trouverons bien un moyen de vous aider.

Je demande alors à Pierre Lafrance de me raconter

comment se sont passés ses entretiens et ses tentatives de sauvetage des statues auprès des taliban. Il me déclare avoir été prévenu dès son arrivée : les taliban sont entrés dans une phase où ils ne veulent plus entendre le langage de ce que l'on pourrait appeler la raison politique. Ils sont sensibles aux arguments théologiques. Ils s'en remettent à la seule théologie pour arrêter leur conduite, y compris dans le domaine international.

Puis il me fait le récit de son voyage à Kandahar et de sa rencontre avec Wakil Ahmad Motawakel, le ministre des Affaires étrangères.

— L'important, c'était de donner aux taliban le sentiment qu'ils n'étaient pas considérés comme la lie de l'humanité, qu'on ne demandait qu'à engager des conversations avec eux, pour peu qu'ils donnent des signes suffisants de souplesse. S'ils restaient enfermés dans des certitudes sans appel, la discussion n'aurait pas de sens. Il fallait qu'ils aient l'impression que, de notre côté, nous n'étions pas aveuglés par le même type de certitudes qu'eux, et que nous ne les tenions pas, a priori, pour des gens infréquentables. En outre, je savais par notre chargé d'affaires Jean-Yves Berthault que ce ministre n'était pas du tout partisan de la destruction des statues.

— Comment s'est-il comporté avec vous ?

— Il m'a longuement expliqué à quel point sa hiérarchie était consciente des conséquences catastrophiques des destructions annoncées, non seulement pour l'Afghanistan, mais pour le monde musulman. Cependant, la question n'était pas là ; elle était de savoir si le devoir religieux imposait ou non de fracasser ces statues.

— Que pouviez-vous rétorquer à cela ?

— Mes arguments étaient simples : le bouddhisme n'est absolument pas une religion d'idolâtrie et les bouddhistes ont attendu plusieurs siècles avant de recourir à la représentation figurée de Bouddha. L'essentiel pour eux résidait dans une voie vers la vérité et une loi de sagesse auxquelles on accédait par l'étude de livres contenant l'enseignement de Bouddha. Les statues étaient de simples rappels. Le moyen d'une commémoration. Lorsque nous marquons du respect à une statue commémorative, cela ne signifie pas que nous révérions la statue dans sa matérialité, ou bien il faudrait dire que les chrétiens sont les adorateurs de la croix, alors que la croix est pour eux un sujet d'affliction puisqu'elle rappelle le supplice de Jésus. De la même manière, cela signifierait que les musulmans sont des adorateurs de la Kaaba puisqu'ils se prosternent devant ce monument. Or on sait très bien que ce n'est pas le cas. Il ne fallait pas confondre idolâtrie et commémoration. Autre argument tiré de l'interprétation du Coran : on ne peut pas détruire les objets d'études scientifiques, parce que c'est contraire à l'obligation de tout musulman d'être toujours en quête de science. D'autre part, pour tout bon musulman, les vestiges même religieux des temps anciens sont l'occasion d'une *ibra*, d'une méditation sur toutes les tentatives religieuses entreprises avant l'islam et dont on tire normalement une leçon, de nature à renforcer sa propre foi. J'avais un ultime argument avancé par le chargé d'affaires : les chefs musulmans les plus respectables s'étaient abstenus de détruire les vestiges archéologiques, notamment en Égypte, alors pourquoi les taliban prétendaient-ils faire mieux que ces très respectables musulmans ? Le ministre a noté soigneusement tous ces éléments. Puis il m'a indiqué sa vision de la différence qui existe entre un bouddha et les statues égyptiennes, notamment le sphinx. La statue de Bouddha pouvait être considérée comme l'objet d'un double culte, de la personnalité et d'une création de la créature. En Égypte, les statues ne représentaient que des chimères et n'étaient pas objets de culte. Il ne paraissait pas vraiment convaincu par son discours, qui suivait à la lettre les directives officielles.

— Aviez-vous quelque espoir après ce rendez-vous ?

— Au moment où nous prenions congé l'un de l'autre, Mollah Motawakel m'a glissé à mi-voix : « Je ne suis pas très optimiste, mais il ne faut jamais désespérer... ! » À mon retour au bureau de l'Unesco, à Islamabad, on me donne à lire le conseil fraternel donné par le cheikh Youssouf al-Qardhaoui, un des plus grands oulémas arabes, à Mollah Omar. L'un de ses arguments était tiré d'un verset du Coran disant en substance : « Il ne faut pas injurier les gens qui prient dans une autre direction que celle de Dieu, de peur que, dans leur ignorance, ils n'en viennent à insulter Dieu en le considérant comme un ennemi. » Un autre argument rappelait que les compagnons du Prophète avaient respecté les vestiges archéologiques partout où ils étaient passés. Prétendre être meilleur musulman qu'eux revenait à pécher par orgueil. Le ton général est aimable, mais la mise en garde très ferme quant au fond. Je me suis alors précipité avec ce document chez Mollah Zaeef, l'ambassadeur des taliban à Islamabad. Très impressionné par ces arguments, il me dit qu'il prend l'avion pour Kandahar. Il va essayer de convaincre directement Mollah Omar.

— Vous avez eu d'autres initiatives et vous avez été soutenu par nombre de personnalités du monde musulman. Pourquoi les destructions sont-elles intervenues si vite malgré tout ?

— Toute la question est là. Au lieu de procéder en toute légalité de manière à donner un maximum de justification à leur conduite, les taliban ont usé d'expédients pour que cette mesure soit décidée, puis exécutée rapidement. C'est l'élément inquiétant, parce que nous ne sommes plus dans la logique de la charia, mais dans une logique essentiellement activiste. Je reviens juste du Qatar où j'ai pu m'entretenir avec les membres de la délégation d'oulémas qui se sont rendus à Kandahar. Figurez-vous qu'ils ont été atterrés par l'ignorance des taliban en matière de théologie. À mon avis, les taliban qu'ils ont rencontrés n'étaient pas les vrais oulémas afghans. Trop rudes et ignorants. On m'a raconté un détail amusant. À la fin de leur entrevue avec Mollah Omar qu'ils ont essayé en vain de persuader de renoncer à ses idées iconoclastes, ces érudits sont sortis pour prendre leur avion. Un jeune taliban les a apostrophés en leur lançant : « Dites, c'est l'heure de la prière ! » Surpris, ils ont répondu : « Nous savons très bien à quoi nous en tenir concernant notre devoir religieux. Nous avons deux heures devant nous pour faire notre prière et nous allons prendre notre avion pour être dans les délais requis à la mosquée d'Islamabad. » L'insolent taliban aurait répondu : « Non, non, non, faites votre prière maintenant ! » Et ils l'ont faite ! C'était à ce prix-là qu'ils pouvaient embarquer...

— Votre opinion ?

— Mon impression est qu'une catégorie particulièrement fruste, obstinée, bornée, agressive de taliban a imposé sa sensibilité à l'ensemble du mouvement. Il s'agit des éléments les plus pauvres, les plus démunis intellectuellement, qui tiennent des ministères importants comme ceux de la Répression du Vice et de la Défense de la Vertu, ou de la Justice. Ils se sont peut-être sentis marginalisés par les taliban un peu plus ouverts, instruits. Ceux que l'on est parfois tenté d'appeler les modérés. Il a pu y avoir une certaine lutte des classes au sein du mouvement taliban. C'est une des hypothèses que j'ai faites. Mais, lorsque les gens sont particulièrement frustes et démunis, ils ne peuvent pas mener leur combat sans avoir de leader. D'où vient le leadership ? Et est-il afghan ? Il semble bien que ceux qu'on appelle les Arabes ont joué un rôle assez déterminant dans cette affaire, parce qu'ils sont les seuls à avoir suffisamment d'influence, de surface intellectuelle, théologique et financière pour se constituer une clientèle parmi les militants de base et aussi pour gagner à leurs idées extrêmes les membres de la Shura de Kandahar, au point d'engager tout le mouvement dans un combat désespéré, sacrificiel.

— Un combat sacrificiel ?

— Il y a quelques jours, j'ai rencontré le ministre pakistanais de l'Intérieur qui était allé à Kandahar où il avait pu rencontrer Mollah Omar pour une ultime tentative, suivant de près celle des oulémas arabes. Ce que lui a dit Mollah Omar l'a beaucoup impressionné. Il voulait ignorer les « logiques du monde d'ici-bas ». Tout ce qu'il faisait n'avait d'autre objectif, n'avait d'autre perspective que l'au-delà. Il avait même précisé : « Nous savons que les conséquences seront catastrophiques pour l'islam. Mais l'islam est de toute façon destiné, à la fin des temps, à connaître une catastrophe ! » Le ministre pakistanais pouvait invoquer toutes sortes d'arguments, cela restait sans effet. De Mollah Omar que l'on croyait connaître et qui rendait des arbitrages relativement mesurés ne restait qu'un homme complètement fanatisé, ignorant délibérément les réalités du monde et les exigences de la raison. Au retour, dans l'avion qui ramenait à Islamabad le ministre de l'Intérieur, Mollah Zaeef, qui s'était joint à la délégation pakistanaise, a dit : « Je suis impressionné par les paroles du Commandeur des croyants. Nous autres musulmans, nous sommes vraiment des gens qui se tournent vers l'au-delà. Nous ne nous laissons pas attacher par les liens d'ici-bas. » C'est alors qu'un haut fonctionnaire du ministère des Affaires étrangères, membre de la délégation, a rétorqué : « Tu sais, ce que tu dis là, en ce moment, c'est exactement la doctrine de Bouddha : renoncer à toutes les attaches d'ici-bas. » La remarque a porté !

Pierre Lafrance rentre à Paris. Nous décidons de nous rappeler très vite. Peut-être d'autres vestiges afghans moins symboliques peuvent-ils encore être sauvés. Il fait nuit lorsque je quitte la résidence. Les chauves-souris battent l'air chargé de chaleur.

La semaine qui suit passe à une vitesse foudroyante. Moi qui n'aime rien tant que savourer la brise d'une vallée afghane au printemps, avec quelques amandes fraîches, des abricots et un peu de thé, je ne cesse de papillonner d'une ambassade à l'autre, du bureau d'un diplomate à la maison de tel ou tel ami. Cent fois la raison me dicte d'arrêter là cette aventure et de partir seul dans un endroit désert.

Mais mon espérance est toujours la plus forte. À Paris, Natacha prépare sa venue. Pendant ce temps, Thomas et Simon à Kaboul ont pu visiter le musée où les quelques statues que j'avais vues en août 2000 ont été détruites. Simon s'est également rendu à Bamiyan, devant les niches vides des bouddhas détruits. Hassan, un ami qui l'accompagnait, lui a montré les Arabes et les officiers pakistanais parmi la troupe dangereuse de taliban qui paradait dans la vallée désertée de ses habitants. Simon sera le seul de nous trois à être allé à Bamiyan.

Le dernier jour de mars, Natacha atterrit au Pakistan. Il nous faut patienter quelques jours encore que l'ambassade d'Afghanistan à Islamabad lui délivre son visa. Elle arrive libre, ouverte et curieuse.

Natacha a une relation particulière avec la terre et les êtres sensibles. Le croassement grave et dense des corneilles lui rend cette ville familière. Elle entendait leurs cris chaque fois que nous nous parlions au téléphone, mélopée si présente qu'elle imaginait les corneilles en ballet autour de moi. Une fois sur place, elle me fera remarquer qu'au crépuscule, lorsque les mouches se volatilisent et sont remplacées par les moustiques, un peu avant dix-huit heures, les oiseaux noirs dans le ciel partent vers l'ouest. Le chemin des corneilles est celui de Kaboul. À l'ouest de l'Indus.

Natacha est habillée d'un pantalon large et d'un T-shirt long ; cela n'empêche nullement les Pakistanais de la dévisager sans aucune gêne. Nous allons lui acheter une tenue de camouflage : un shalwar kamiz bien lâche et un long châle. Curieusement, c'est des regards des Pakistanais qu'elle est heureuse de se dissimuler enfin. L'hypocrisie et la frustration sexuelle sont considérables dans ce pays ! La télévision par satellite déverse sur une population qui n'y a pas accès de la fesse qui se trémousse, de la sueur, des bombes, de l'alcool et des œillades foudroyantes.

Depuis quelques semaines, Natacha a tout entendu sur l'Afghanistan, mais elle veut se rendre compte par elle-même. Être neuve devant ce pays qui déchaîne les passions, mais aussi, malgré tout, un amour irraisonné. Elle veut être femme dans ce pays d'oppression. Et ce n'est aucune de ces questions parisiennes qui lui vient à l'esprit au moment de passer la frontière, à quelques mètres du territoire des barbus. Une terre, un décor planté au sortir des lacets de la passe de Khyber la bouleversent, l'envoûtent, l'enivrent. Est-ce la chaleur ? Les émotions trop fortes, l'appréhension ? À travers ses yeux, je vais redécouvrir le choc que provoque l'Afghanistan.

Les douaniers pakistanais inscrivent dans leur grand cahier « Natacha » dans la colonne prénom et « Bordeaux » dans celle du patronyme. Elle est rebaptisée du nom de sa ville de naissance. Son nom de famille n'apparaîtra jamais.

Une foule d'hommes enturbannés s'activent de chaque côté du portail. Tous ont les mêmes vêtements, pantalon bouffant et longue chemise. Parfois un gilet, un châle ou un simple morceau d'étoffe sur l'épaule. Des grappes d'enfants au visage sale et grave courent à nous en donner le vertige. Chaleur, clameurs, hurlements, cris et poussière. Natacha ne comprend pas cette langue que tous se jettent fièrement au visage et que j'entends un peu. Je suis à l'aise dans ce tourbillon. La tête lui tourne. Elle est frappée de ne voir aucune couleur vive. Adultes, enfants, tous sont habillés de terne. Même le bleu ou le blanc des burqas des rares femmes manque de lumière. Beaucoup de gamins sont pieds nus. Ceux qui ont des sandales les ont rapiécées de ficelles.

Des porteurs nous assaillent. Ils sont de tous âges, mais chacun manie une brouette identique, faite de bois, sur laquelle on place bagages ou colis. Je repère la voiture de l'autre côté, il nous faut passer à pied. Natacha va faire la connaissance de mon chauffeur, Farad. Il est jeune et rigole à longueur de temps. Elle découvre la poussière, partout. La frontière. Deux tourelles de pierre et un portail de métal bleu. Nous passons, elle me suit de près dans la foule. Elle ressent alors cette chose étrange, elle a l'impression d'effectuer un saut dans le temps. De subitement, en quelques pas, changer de siècle et d'univers. Elle entre chez les plus augustes des hommes, dans une contrée de barbares.

Comment des montagnes, trois plaines, deux rivières et un peu de désert peuvent-ils ensorceler à ce point ? Sur cette route, malgré l'habitude et le temps, l'effet est toujours le même. Elle n'a jamais vu de tamaris aussi grands. Nous roulons sur un ruban d'asphalte vers Djalalabad, sous une voûte de tamaris vert pâle. La frustration la gagne, comme celle que j'avais ressentie à mon premier voyage chez les taliban : il est interdit de prendre des photos. Je préfère ne pas courir de risques inutiles et lui recommande de n'en faire aucune, mais je lui tends néanmoins l'appareil si l'envie devenait trop forte. Il y a si peu de taliban sur la route ! Après Thomas et Simon, voilà que j'amène une nouvelle personne dans ma maison, dans ma vie afghane. Chez moi ! Parce que j'ai le sentiment d'être de retour chez moi.

Nous dépassons les camions en provenance du Pakistan. Ils sont ornés de breloques invraisemblables et peints à l'orientale. On dirait les réincarnations métalliques des éléphants de l'armée achéménide qui firent face à Alexandre lors de son avancée vers l'Orient. Ils sont très gros, se déplacent doucement, sentent très mauvais et portent sur le haut de la cabine une fresque colorée. Ils se font de plus en plus rares à mesure que l'on s'éloigne du Pakistan.

À Djalalabad, comme il se doit, nous déjeunons rapidement chez Alan Jan (Alain de Bures), un ami de longue date. Salade de tomates, fricassée de poulet et riz. La gentillesse d'Alain, ses histoires fabuleuses, son jardin des merveilles et ses coussins moelleux nous poussent à la somnolence. Mais je veux être à Kaboul ce soir. Un thé et nous repartons.

Le soleil descend et la fatigue nous gagne. Silence dans le pick-up. Nous allons arriver avec la nuit et je n'aimerais pas que nous dépassions vingt et une heures. Natacha remarque que je surveille ma montre régulièrement. Je lui réponds avec la plus grande simplicité qu'il y a un couvre-feu à Kaboul. Ce terme lui glace les os.

— Le couvre-feu ? Quel couvre-feu ? me demande-t-elle.

— C'est un pays en guerre, ici, et il est interdit de circuler dans la ville après vingt-deux heures. Mais on sera à la maison avant ! Ne t'inquiète pas !

Ayant atteint la ville au crépuscule, je montre à Natacha ses premiers taliban. Ils se déplacent par groupes de trois à cinq. L'air un peu benêt, fier mais benêt. Le taliban est coiffé d'un turban invariablement noir ou blanc, très lâche, voire tombant. On dirait qu'ils se ressemblent tous. Le taliban a l'air très content d'être taliban. Pas uniquement quand il est armé. Critère essentiel, ils portent tous un pantalon bouffant trop court s'arrêtant à mi-mollets. On les dirait grandis trop vite.

Les portes de la Maison Denis s'ouvrent au deuxième coup de klaxon. Le gardien, Aref, est un petit homme marqué par la vie. Son visage s'illumine en nous apercevant. Ses yeux ne renvoient que bonté et gentillesse. Il m'accueille chez moi et souhaite la bienvenue à Natacha. Thomas, Simon et Vadim nous attendent. Est-ce dérisoire ? Il est quelques petites règles que je veux voir pratiquées dans cette Maison Denis, antenne de la Société des explorateurs français. Même si dans trois mois nous ne sommes plus là. Surtout ! L'une de ces règles concerne le repas de bienvenue pour tout nouvel arrivant. Abbas a préparé ses admirables petits raviolis de légumes verts servis avec une sauce au fromage, un plat du Nord dont il est originaire et qu'il fait divinement bien. Abbas est heureux aussi de nous voir. Ses gros pieds nus sur les tapis, le regard modeste, il dépose avec un peu de fierté les plats sur la table.

Ce soir, je suis un homme heureux. Dans un monde qui n'a plus sa tête, dans un pays en plein cauchemar, mais dans ma maison, avec mon équipe, mes frères... ma vie ! Ce soir, je suis un homme heureux.

Pour douze jours encore.

Jeudi saint

Farad et Hakim s'arrêtent à la sortie de Kaboul et prennent de l'essence. Nous descendons à Ghazni pour nous rendre sur le site archéologique de Tapa Sardar, puis visiter l'hôpital de Médecins sans frontières afin de filmer des scènes pour le documentaire. Nous sommes à deux voitures. Nous passerons la nuit dans une maison de thé et remonterons le lendemain sur Kaboul.

Sylvain Tesson est arrivé la veille au soir. Farad a fait venir de son village de la région de Khogiani un cousin, Hakim, avec un deuxième pick-up. Dans les jours qui ont précédé, chacun a fait ses choix devant les incertitudes nombreuses de la mission. Vadim reste pour participer au film, Thomas reste également afin de poursuivre cette expérience. Simon, en revanche, a abandonné beaucoup de choses en venant ici ; il n'est plus en mesure de continuer à s'investir pour un résultat parfaitement hypothétique. Triste, la mort dans l'âme, il nous a quittés voilà deux jours. Cela a été douloureux. Thomas l'a raccompagné et tous les deux ont eu du mal à cacher leur émotion. Nous sommes donc cinq à rester pour... rester, faire ce film, vivre. Thomas, Vadim, Sylvain, Natacha et moi.

Tout le monde est réveillé, impatient de sortir enfin de Kaboul. Farad et son cousin Hakim font chauffer leur pick-up dans la cour de la Maison Denis. Siddiqui, un commerçant francophone de la rue des Poulets, ami de Vadim, nous accompagne pour l'occasion afin de faire office de traducteur si besoin est. Il est en avance. Dans les minutes qui précèdent le départ, il montre une cassette de musique indienne ou afghane à Vadim. Vadim me dit de quoi il s'agit, mais je ne fais pas attention. Comme je l'avais décidé la veille, Thomas va avec Vadim dans la voiture d'Hakim et, moi, je prends Natacha et Sylvain à qui je veux raconter un peu tout ce qui se passe.

Il est six heures du matin lorsque nous franchissons le portail de la Maison Denis. Kaboul s'éveille.

À la station d'essence, je descends de ma voiture pour aller plaisanter avec Thomas et Vadim. Vadim est assis devant, à gauche, et Thomas est derrière lui. À droite, derrière, Siddiqui. Autour de nous il y a des mendiants. Deux femmes, des enfants et un mongolien. Je n'en avais jamais vu en Afghanistan. Les femmes portent une burqa hors d'âge et se tiennent courbées. Le soleil en train de se lever étend les ombres sur le sol plein d'huile. Il donne une couleur contrastée, rasante, aux tons légèrement rouges, sur la peau des visages. Je me tiens debout, contre la porte passager, à côté de Vadim. Nous ne parlons de rien. J'entends son rire et je vois son regard coquin et bleu monter sur moi. Thomas me demande si j'ai pris l'appareil photo. J'y ai pensé la veille, et puis non. Mais, au fait, on n'a pas dit que c'était toi qui t'occupais des photos maintenant ? Il me répond que ouais, bah, ouais ! Mais il n'a pas pris l'appareil. On rigole. Je vois son sourire, sa tête qui se baisse comme il le fait quand il se marre et qu'on se moque gentiment de lui. Il relève la tête, sourit en grimaçant avec la mâchoire sans vraiment regarder dans les yeux. Le vent est très léger et frais. Juste comme il faut. L'air est pur. Thomas me touche beaucoup depuis que nous sommes ici. Lui qui d'ordinaire explose à la moindre contrariété, je le trouve d'une grande prévenance envers moi. Il sait ce qui pèse sur mes épaules et prend sur lui pour ne pas en rajouter. Je lui en suis reconnaissant. Depuis décembre, j'ai surpris des regards pleins d'un amour de frère à mon égard. Je n'avais jamais remarqué auparavant. Je sais qu'il est heureux d'être en Afghanistan. Il est vêtu de sa veste polaire rouge et d'un T-shirt rouge. Hier soir, Sylvain lui a donné le cadeau que nos parents lui ont fait parvenir pour ses trente ans. Une bague. Elle ressemble à une chevalière, mais, au lieu d'armoiries, c'est une pierre. La pierre des martyrs, explique Thomas. Ce matin, il porte son cadeau. En la mettant hier, il a juste dit en riant qu'il ne voulait pas être un martyr, lui !

Nous repartons. La voiture de Farad d'abord. Je suis assis devant. Natacha et Sylvain sont derrière. Rapidement, nous arrivons au premier poste de contrôle taliban. Quelques hommes en armes, un contrôle plus que léger. On ralentit en disant au taliban que l'on va à Ghazni. Sous son turban, emmitouflé dans un châle, il nous fait signe de passer. Je me retourne pour voir notre autre voiture. Ils passent également sans problème. On roule. La route est en excellent état. Asphaltée il y a peu.

Sans doute dix minutes plus tard, en bas d'une longue descente, juste avant d'arriver dans Maydan Shahr, Farad se range sur le bas-côté et me fait remarquer que les autres ne sont plus derrière nous. On attend quelques minutes. Farad surveille dans son rétroviseur ; moi, tout en continuant à parler à Sylvain, je jette de temps à autre un coup d'œil sur la route. Qu'est-ce qu'ils foutent ? Cinq minutes passent et je demande à Farad de faire demi-tour. Je ne suis pas inquiet.

En haut de la côte, après un coude, nous apercevons des véhicules arrêtés sur le petit col. Ah, ils doivent être bloqués derrière ! Nous approchons, il semble y avoir eu un accident.

Une voiture est dans le fossé. Tiens, oui, c'est un accident. Ce n'est pas la nôtre... Elle est blanche... Non, ce n'est pas possible. Mais oui, on dirait bien notre voiture. Oui, parce que par terre, à dix mètres de la voiture, je vois Thomas, sa polaire rouge. Il ne bouge pas. Farad roule doucement. Tous mes muscles se contractent, ma main s'abat sur la boîte à gants alors qu'une décharge me traverse le corps. En une fraction de seconde ma gorge est asséchée.

Non !

Thomas est allongé en chien de fusil. Il a l'air d'être blessé ! Il a besoin de moi ! Il doit avoir peur ! Ne pas savoir quoi faire ! On lui a dit de se mettre comme ça, en fœtus... Il a l'air calme ! Pourquoi ne se relève-t-il pas ?

Je suis sur la route, je suis dans la poussière du fossé, je cours vers lui. Sylvain aussi. Je ne vois que Thomas. En approchant, je le vois sourire...

Je me rapproche. Je vais au secours de mon frère, il m'attend, il ne sait pas ce qui lui arrive, il a besoin de moi... Son visage est abîmé. Trop abîmé. Trou noir. Il est mort !

Il sourit !

Sylvain me saisit à bras-le-corps. Je me débats. Ne me retiens pas ! Pas moi ! Laisse-moi ! Je me dégage, je hurle. Sylvain ne sait que faire, prêt à me frapper... pour m'empêcher d'avancer. Je ne bouge plus, je ne regarde pas.

Je ne peux plus regarder.

Je reste debout, Natacha s'approche et je lui dis de ne pas regarder. C'est impensable. Réagir ! Réagir !

Vadim ? Où est Vadim, bordel ? Trouvez-moi Vadim ! Je m'assieds dans la poussière. Natacha vient près de moi. Je cherche l'air. Le sang cogne dans mon crâne. Je suis assis sur le bord de la route. Vadim ? Natacha me dit que Sylvain s'en occupe. Je me relève, monte un peu plus haut sur la route. Il y a une ambulance, des brancards. Sur les brancards, il y a des hommes en sang, certains bougent. Vadim ? Vadim est là sur ce brancard, les yeux pas complètement fermés, la peau jaune, cireuse. Lui aussi ! Sylvain prend son pouls sur la veine du cou. Il est mort ! Sylvain se relève, tape dans la terre de désespoir. Thomas a été mis sur un autre brancard et on le monte. Contre l'ambulance. Les médecins afghans s'occupent des blessés. Bordel ! Mais où sont Hakim et Siddiqui ? Je n'arrive pas à les voir. Ils doivent bien être là ! Sylvain me dit : « Je m'en occupe, reste avec Thomas ! » Thomas est à mes pieds. Sylvain a dû lui mettre le foulard de Vadim sur le visage...

Son visage...

Groggy, je fais quelques pas là où était le corps de

Thomas. Il y a une coulée de sang de près de un mètre de long là où reposait sa tête.

Je ne laisserai rien ici !

Seule cette coulée de sang.

Je remonte. Sylvain me dit : « La bague ! » Il essaie de l'enlever. Un Afghan lui tend du savon, elle glisse. Ôter la bague de Thomas. Je la mets dans ma poche.

Je m'accroupis.

Je prends les mains de mon frère. Elles sont écorchées et chaudes.

Mais sans résistance, molles, sans vie. Je les serre longuement. Je ne parviens pas à pleurer. Je prie... Un corps qui bougeait il y a encore dix minutes. Qui est encore tiède de vie. Qui s'échappe. La mort, c'est cet instant indéfini. Je ne pense à rien. Un seul réflexe, m'adresser à Thomas et à Vadim. Je lève la tête au-dessus d'eux. Ils sont perdus, ils ne comprennent pas ! Vous êtes morts. Je m'occupe de vous. Alors que la stupeur m'écrase dans sa poigne géante.

Farad vient vers moi, je lui passe un bras sur l'épaule. Il pleure. Sait-il où est son cousin ? Je fume cigarette sur cigarette. Je ne sais combien de temps nous restons là. Une ambulance part, il me semble, avec des blessés. Et à un moment, il n'y a plus que les morts sur leurs civières. Thomas et Vadim ! Je fais le chemin entre les brancards et la voiture accidentée.

Je ne laisserai rien ici !

Seule cette coulée de sang.

Je fouille la poussière des yeux et des mains. Il y a des débris de cassette, le sac de Siddiqui, que l'on me donne. Je ramasse les morceaux de cassette. J'aperçois le chapelet de Vadim. Je remonte le lui mettre autour du poignet.

Je demande à Sylvain d'accompagner les corps. L'ambulance prend le chemin de Kaboul. Nous partons quelques minutes plus tard. Farad roule très lentement. Natacha a une main sur mon épaule. Je suis assis devant. J'ai soif. Ne peux rien boire. Je recrache un gâteau. Une angoisse énorme m'envahit. Je vais devoir dire ça à nos parents ! Leur fils est mort. Mon frère est mort. Je regarde ma montre dix fois avant de comprendre l'heure. Trop tôt encore à Paris ! Il faut que je le fasse. Vite ! J'ai de plus en plus de mal à respirer. Comme une paume qui s'abat sur ma poitrine.

Farad ne trouve pas l'hôpital. Nous faisons un immense détour pour y arriver enfin. L'ambulance est garée devant. Où amène t-on les corps ? Ah bon ! Les corps ? À la maison ! Évidence ! Je dis à Farad de rester pour son cousin qui est encore en vie. Il croyait qu'il était mort aussi. Lui et Siddiqui vont mourir dans deux heures.

Natacha et Sylvain prennent un taxi. Je monte dans l'ambulance.

Je me retourne. Deux corps sans vie avec cette odeur de sang et d'ambulance. Je suis serré entre le chauffeur et l'ambulancier.

Nous roulons dans Kaboul jusque chez moi.

Le portail s'ouvre. Surprise, puis consternation sur les visages. Aref et Abbas qui, lui, s'éloigne précipitamment.

On sort Thomas en premier. Dans la chambre extérieure qu'occupait Simon, j'ajoute un deuxième lit de cordes et de bois. Le brancard est lourd. À quatre, on le rentre, on le pose contre le lit. On soulève le corps. La tête part un peu en arrière, une flaque de sang éclabousse le sol.

Vadim sur l'autre lit.

J'arrache les rideaux du salon et ceux, violets, de la chambre de Thomas. Je reviens les en recouvrir. Le rideau du salon passe sous le lit, là où le sang coule.

Leurs vêtements de poussière.

Leurs chaussures dépassent des rideaux. Je tire ceux de la chambre. Je ferme la porte. Je demeure seul dans la pièce. Devant les pieds des morts. Et je commence à penser qu'il faut téléphoner aux parents maintenant. Trop tôt ! Il est à peine plus de six heures là-bas. J'ai le sang de Thomas sur les mains.

Je rajuste leurs vêtements. Avec Sylvain, nous avons vidé leurs poches. Les doigts écorchés de Thomas refroidissent et deviennent durs. Je regarde ses chaussures, le blanc de ses chevilles. Elles aussi refroidissent. Très lentement.

Il doit être huit heures du matin à Paris lorsque j'appelle. La maman de Vadim. Je sens l'air qui entre dans mes poumons. Après avoir raccroché, je sors sur le perron de la maison. Je ressens comme un léger vertige. Ma bouche est desséchée et je ne peux rien avaler. Je retourne dans mon bureau et compose le numéro de nos parents.

— Maman... est-ce que papa est près de toi ? Tu peux aller le chercher, je rappelle dans deux minutes... Maman...

La nouvelle se répand dans Kaboul. Tout le monde

est atterré, mais s'organise, s'anime, et me propose les options. Je veux rester un peu. Il faut partir.

À quinze heures, nous sommes dans un petit avion des Nation unies. Sylvain, Natacha et moi. Thomas et Vadim sont allongés dans des sacs posés derrière nous, à la place de sièges que le pilote a enlevés. Sur le tarmac, il y a tous nos amis, des Français, et d'autres... Un employé de l'immigration tamponne les passeports et barre de son stylo Bic le visa afghan de Thomas et celui de Vadim.

On décolle.

Islamabad. Tout le monde est prévenu. Le consul est là, le médecin de l'ambassade. Il commence à pleuvoir. L'orage gronde. Nous partons pour l'hôpital d'Islamabad. Il est immense. Finalement, voilà la morgue. Petit bâtiment éloigné des autres. On descend les sacs sur des brancards. On les rentre dans le bâtiment aux murs humides. L'orage menace de toute sa puissance. Le ciel est noir de colère et le grondement est permanent.

Il faut ouvrir les sacs.

Vadim. Le consul vérifie son identité grâce à la photo de son passeport.

Thomas. Il me fait confiance. Le corps de mon frère est enveloppé dans le rideau violet.

Les sacs sont glissés dans les frigos. J'ai tenu les mains de mon frère quelques secondes. Elles sont froides et rigides.

L'orage explose dans la nuit.

Deux jours avant, le 10 avril. Natacha a froid ce soir. Il est près de dix heures et elle grelotte. Elle s'assied devant la cheminée où brûlent les bûches de genévrier. Le feu qui crépitait calmement jusqu'alors semble soudain s'animer. Il s'embrase avec force, change de rythme. Les flammes s'élèvent en vrombissant. Des sons graves, des marmonnements incompréhensibles pareils à des incantations paraissent provenir directement de l'âtre ! Le cœur de Natacha s'accélère. La façon dont brûle ce feu de bois sec est surnaturelle.

Subitement, deux visages apparaissent dans le feu ! Leurs contours se dessinent, parfaitement nets. Les deux visages sont symétriques. La lumière, le feu, ne peut pas faire cela ! Natacha observe ces visages. Ils se disputent dans un fracas incroyable, comme en cadence. Sons étranges et sourds, chants macabres. Au cœur des flammes orangées, des flammèches bleues lèchent le bois, elles coulent comme un fleuve. Les visages sont toujours là, devant Natacha. Ils continuent à exprimer de la fureur.

Natacha cherche à comprendre. Aucune porte ou fenêtre n'est ouverte. Dehors, pas de vent, la nuit est calme.

Son cœur s'emballe, devient le feu.

Alors le feu lui parle. Puis tout se calme peu à peu.

J'arrive dans le salon à ce moment-là. Je trouve Natacha immobile devant la cheminée, n'osant prononcer un mot. Elle me regarde, se retourne vers la cheminée. Le feu est redevenu parfaitement « normal ». Elle m'explique alors. Elle a ressenti que le feu lui disait quelque chose : elle a perçu une grande violence qui s'abattait sur le pays. Au centre de l'Afghanistan. C'est effroyable. Elle mentionne une coulée. Le centre du pays, une rivière ? La violence viendra de là...

Quand nous sortons Thomas et Vadim des frigos, six jours se sont écoulés. Le cousin de Vadim, Guillaume, a quitté Mazar-e-Charif où il venait de rejoindre Solidarité. Il est avec nous à Islamabad. Jean-Yves Berthault nous a laissé sa maison, bouleversé. Comme le sont nos amis ici. Est-il besoin de le préciser ?

Je veux mettre moi-même mon frère dans son cercueil.

Son corps est gelé. Dur. Raide. Je dois découper ses vêtements pour les retirer. Natacha m'aide, avec discrétion. Et j'ai cette gêne, voir le corps de mon frère nu. Son torse puissant, ses épaules fortes. Je lave le sang séché sur les avant-bras. Ses mains écorchées. J'ôte tous les bandages de son visage que je ne peux voir. Et je le recouvre vite d'un tissu. J'enveloppe son corps de soie sauvage.

Avec le concours de Natacha, je porte une dernière fois son corps pour le placer dans le cercueil. Nos parents ont appris la nouvelle à Simon à sa descente d'avion. Il était en train de rentrer lorsque c'est arrivé. Ils sont ensemble, tous les trois. Ils nous attendent, Thomas et moi.

Le soir, grâce à un ami, je peux accéder jusqu'à la soute de l'avion et y placer moi-même les cercueils.

Mon devoir.

Depuis ce col de Kotali Takht, ne pas les laisser seuls, m'occuper de tout. Les ramener à leurs familles.

Dans la soute pressurisée, j'entends le piaillement des perruches. Un orage encore se prépare et gronde.

Après

Après...

Voilà un jour d'avril après lequel rien ne sera plus comme avant. Nous étions trois frères, nous ne sommes plus que deux. Mon père et ma mère avaient trois enfants. L'un de nous est mort. Coupable *après !* Douloureux *après !* Et voilà que l'après de ma vie est rejoint par celui du monde. Troublant chemin de notre famille, saisissant destin du monde. L'Afghanistan encore placé au cœur de tout cela. Après ce jour d'avril, il y aura ce jour de septembre...

À la fin du mois de mai 2001, je retourne en Afghanistan avec Simon et nos parents. Voilà un mois que j'ai ramené le corps de mon frère, un mois que Thomas est enterré près de chez lui. À Islamabad, il n'y a que des orages terribles. Des orages qui effraient jusqu'aux fantômes. Des orages qui me rappellent ce jour où nous avons quitté Kaboul avec les corps.

À l'ambassade de l'Émirat islamique d'Afghanistan, un homme nous sert du thé en attendant la venue du premier secrétaire. Le voilà, il est barbu, beau gilet noir sur longue chemise blanche, turban noir. Quarante ans, digne et élégant. D'une extrême gravité devant ma mère, il met la main sur son cœur et s'incline :

— L'islam ne connaît pas l'idée de destin, nul ne sait l'heure... Une certitude : tous, nous mourrons. L'Afghanistan n'oubliera pas votre fils. Il fait partie de notre histoire maintenant.

Nous rejoignons Peshawar dans la voiture de Farid, un ami qui me conduit à chacune de mes visites. Il est venu nous chercher à Islamabad dans sa Corola blanche de 1989 aux sièges couleur bordeaux. Farid est pachtoun, costaud et débrouillard. Avec les années, il est devenu plus qu'un ami et j'ai en lui une confiance rare. Il raconte à maman que Thomas dormait tout le temps dans sa voiture et qu'ils en rigolaient ensemble. Il aimerait trouver les mots. Il en connaît peu en anglais. Farid est un homme bon. Il est profondément religieux et son islam fait de lui un être curieux, attentif et prévenant. Farid parle peu. Nous roulons. Il évite les camions arrivant en face à grande vitesse, frôle les charrettes à bœuf, fait siffler les oreilles des cyclistes imprudents, puis, après quelques heures, il dit en regardant devant lui :

— Peshawar !

Le lendemain, à l'aube, il nous accompagne au CICR. Nous prenons leur avion pour aller à Kaboul. De l'aéroport de Peshawar décollent sans cesse des jets de l'armée pakistanaise. À bord, je m'installe derrière papa et maman. Simon, lui, est tout au fond de l'appareil. Comme si nous avions besoin chacun d'être seul pour aller une dernière fois à Kaboul.

Le décollage m'arrache la poitrine. La douleur lancinante qui habite mon corps se réveille en sursaut, quelques secondes. Mes parents sont assis devant moi, à quelques sièges. Ils regardent la terre s'éloigner. Ils rejoignent le pays où leur fils est mort. La maison où il a vécu ses dernières semaines. J'emmène mes parents dans le pays du chagrin et de la lumière. Sur mon siège, je revis un peu ce matin du 12 avril. Comme presque chaque jour. Je ne vois pas Simon. Il est au fond, il porte ses lunettes de soleil. Nous survolons Djalalabad. Nos parents se tiennent la main. Et contemplent le paysage.

Kaboul. Ville immense articulée autour de collines rocheuses calcinées par le soleil. Sur les basses pentes sont construits les vieux quartiers, à moitié troglodytes. Maisons de pierre et de terre. Au centre, la rivière Kaboul serpente entre deux collines. Elle est à sec. Et puis il y a la foule, des milliers de gens, hommes et femmes. Des échoppes, des ateliers, des bric-à-brac, des petits commerces. Tout un peuple au travail. Dans un autre âge. Devant l'aéroport, Farad est là. Je prends le volant. Nous arrivons à la Maison Denis. J'ai mal. Elle est belle, pleine de lumière. Les jeunes arbres ont de belles feuilles. La partie du terrain que Thomas avait bêchée pour en faire un potager est envahie par les herbes folles. J'installe les parents dans ma chambre. Ils dormiront par terre, sur de petits matelas, malgré les scorpions. Tous les Afghans de la Maison Denis sont présents.

Après trois jours, nous allons sur le lieu de l'accident. La sortie de Kaboul, la station d'essence, le *checkpoint* taliban avant Maydan Shahr... le petit col de Kotali Takht. Le lieu est désert. Le soleil plus haut. Je m'éloigne un peu, je dois être seul. Route droite, paysage grandiose, aride, soleil, douceur. Tout est calme. Collines fauves à gauche, montagnes à droite. Pas un arbre. Mon frère est mort là ! Je mets un temps à me rappeler où était son corps. Allongé sur la terre afghane. Il attendait. Finalement, le sang de notre famille a coulé sur cette terre, rejoignant celui de près de deux millions de patriotes. Maman laisse courir ses doigts dans la poussière tendre. Papa est à côté d'elle. Ils sont dignes tous les deux malgré cette douleur terrible qui les surprend. Ils n'avaient pas à vivre cela. Ils sont dignes sous le soleil, face à la vie, à leur destin, face à la peine. Et Simon aussi, qu'une étrange étoile a éloigné de son frère pour mieux lui sauver la vie. La douleur, la perte que nous vivons tous les quatre, est aussi un message de lumière.

Chacun de nous, de façon différente, a vécu cette mort non pas comme un arrêt brutal, mais comme une forme de transformation. Pour moi, lorsque j'ai pris les mains chaudes et écorchées de Thomas, je lui ai parlé alors qu'il était déjà quelque part ailleurs. Dans les jours qui ont suivi, il est revenu en France, auprès de Simon et de nos parents, avant même que je ramène son corps. Son âme a fait danser les bambous du jardin. Elle a chauffé les cœurs en larmes. Elle a embrassé les paupières rougies de sa maman. Elle a enserré les épaules meurtries de Simon. Son âme a aimé son père bouleversé. Comment dire tout cela ? Comment dire que, pour chacun de nous quatre, Thomas n'est pas mort mais qu'il est seulement moins accessible ? D'une lettre ou d'un coup de fil. Mais qu'il est présent. Qu'il est là, avec Dieu, avec les esprits, les fantômes ou l'énergie de la Terre. Peu importent les noms. Oui, vraiment, peu importent les noms ! Nous sommes toujours cinq. Les gens qu'il a connus dans cette vie restent dans son cœur et il demeure là pour eux, en cas de besoin. Pour nous qui venons de voir la mort de si près, elle nous a déstabilisés, mais elle n'est pas une fin. La mort est un passage. De l'autre côté, il y a la vie.

Maman caresse la terre brune où le corps de Thomas s'est allongé, et elle l'aime. De cette terre, maman, tu sens la tragédie, la grandeur, les souffrances et l'éclat. Au-delà de ta peine, tes yeux se nourrissent de cette lumière de cristal venue tout droit du soleil. Ma mère était la dernière de nous cinq à n'avoir pas encore fait l'expérience de l'Afghanistan.

L'accident s'est produit lorsque leur voiture a été heurtée violemment par un minibus venant à contresens. En voulant éviter un trou dans la chaussée, le minibus s'est déporté subitement sur la gauche et a détruit la roue avant droite du pick-up, qui alors est parti en tonneau.

Le chauffeur du minibus est en prison. Pour nous, seule la fatalité est la cause de l'accident. J'en ai été témoin. Mais cet homme est là parce qu'il est vivant et que quatre sont morts. Il est tenu pour responsable par la famille d'Hakim, notre chauffeur décédé. Elle a demandé qu'il soit arrêté. Il n'y a pas d'assurances en Afghanistan, et le responsable est aussi celui qui devra payer pour les voitures accidentées. La geôle est au bout d'un chemin de terre, un peu avant le village même de Maydan Shahr. La route de Bamiyan file au loin vers l'ouest. Au sud descend celle de Kandahar. Une vingtaine d'hommes traînent à l'extérieur sous le soleil. Tous identiques. Les prisonniers se distinguent par le bruit métallique qu'ils font en marchant. Ils ont les chevilles entravées de lourdes chaînes.

Nos parents restent dans la voiture avec Farad. Nous partons, Simon et moi, derrière le bâtiment en compagnie de mon ami Hassan qui nous accompagne. Je demande au responsable de la prison de nous laisser seuls. Je vois la crainte dans les yeux cernés de khôl du jeune chauffeur. Mais personne n'a tué mon frère. Pas une seconde cela ne m'est venu à l'esprit. Alors je prie Hassan de le dire au jeune homme. Notre famille n'a rien contre lui. Je lui offre une cigarette, par réflexe. Et je me demande pourquoi je lui donne cette cigarette. Il l'allume, en tire trois bouffées et l'écrase pour la dissimuler dans sa poche lorsque son père nous rejoint.

Nous quittons la prison pour Maydan Shahr, ce petit bourg à la croisée des chemins, à l'entrée de la province du Wardak. Nous passons devant une casemate de contrôle où de jeunes taliban armés jettent un œil dans les véhicules qui passent. On nous indique bien vite le poste de police où je souhaite voir le dossier constitué sur l'accident.

C'est le juge de Maydan Shahr qui nous reçoit.

Le tribunal est un bâtiment en reconstruction. Les traces de combats sont encore visibles. Au bout d'un long couloir, on nous fait asseoir dans une pièce bien sale. Un homme impeccable entre. Chemise blanche, gilet noir, turban gris, l'air très grave : le juge.

— Vous êtes dans un tribunal islamique, la justice est rendue selon la charia. Dans cette affaire, il y a deux aspects. L'aspect divin et celui des serviteurs de Dieu : les humains. Pour ce qui est du Divin, Sa volonté s'est exprimée. Pour ce qui est des hommes, quatre familles sont dans le deuil, et un homme impliqué dans l'accident est en vie. Si l'une des quatre familles a des remontrances à lui faire, elles doivent les exposer devant cette cour.

J'explique que nous n'en avons aucune et que nous désirons pardonner. Un des assesseurs du juge demande si le père de Thomas est encore en vie. Nous lui répondons que oui et que, fatigué, il est resté dehors, dans la voiture. Simon part le chercher.

Le juge alors s'adresse à mon père :

— Est-ce que vous pardonnez et ne ferez pas de poursuites ?

— Oui ! répond mon père.

— Pourquoi ?

— Parce qu'il y a déjà quatre familles dans la peine et que l'on souhaite éviter cela à une cinquième.

— Êtes-vous certain de vouloir cela ?

— Oui, je le souhaite !

Le juge lui repose trois fois la question, le laisse répondre, écoute ses silences. Puis un procès-verbal est rédigé en pachtou. Nous le signons tous les quatre.

— En Occident, déclare le juge, on nous traite de barbares. Mais notre justice est bonne et équitable pour chacun. Quand vous êtes arrivés, nous vous avons fait passer devant tout le monde, et il me semble, madame, que j'ai respecté vos droits, que je ne vous ai pas fait attendre, en vous ignorant, dans une autre pièce.

Il nous dit cela avec gravité, mais sans animosité, juste avec une profonde lassitude dans les yeux.

Je quitte Kaboul le vendredi 1er juin 2001.

Ce matin-là, je suis levé avant le soleil, très tôt. Assis dans le salon de ma maison, le cahier ouvert, je ne sais pas quoi écrire. Le soleil vient taper sur le haut des murs d'enceinte. Je quitte l'Afghanistan et j'ai le sentiment que c'est pour longtemps. Les affaires sont emballées. J'erre dans les couloirs, puis je sors dans le jardin. Je vais jusqu'au cairn construit pour Thomas dans le coin de terre qu'il avait cultivé. Je regarde la maison. Je respire à pleins poumons l'air pur de l'Afghanistan. J'aime cet endroit que je laisse. Papa, maman et Simon se réveillent. Farad charge la voiture tandis que tout le staff est réuni dans la cour. Les adieux sont brefs. La voiture franchit le portail de la Maison Denis. Nous allons rouler toute la journée sur une piste inégale bordée par la sécheresse. Farad tient à nous amener jusqu'au côté pakistanais de la frontière. Puis il s'en retourne, sans emploi, les bras au ciel et les larmes aux yeux.

Je quitte la terre afghane.

L'été passe tel un songe irréel. À l'automne, le monde aura changé.

Table

Cet ouvrage a été réalisé par

FIRMIN DIDOT
GROUPE CPI

Mesnil-sur-l'Estrée

pour le compte des Éditions Robert Laffont
24, avenue Marceau, 75008 Paris
en août 2002

Cet ouvrage a été composé par PCA
44400 Rezé

Imprimé en France
Dépôt légal : septembre 2002
N° d'édition : 42929 – N° d'impression : 60728